ニューロダイバーシティと発達障害

『天才はなぜ生まれるか』再考

NEURODIVERSITY AND DEVELOPMENTAL DISORDERS

Reconsidering the reason genius is evolved

正高信男 著

北大路書房

まえがき

発達障害の偉人たち

この本は、広義の意味での学習障害を持って生きた人々の物語である。ただし全員、自分がそうであるという認識なしに、人生を終えた。

そもそも彼らの時代には、学習障害というコンセプトが存在しなかったのである。社会に定着したのは、近年のことにすぎない。

ただし認識が流布したのは最近のことであっても、それは一連の障害がＳＡＲＳのように近過去に突然、誕生したことを意味しない。それどころか、人類が地球上に出現したのと時を同じくして現われ、以後永々と存在してきたものと考えられる。

にもかかわらず、人の目にとまることはなかった。なんといっても心のなかの出来事である。おかしいと感じても何がおかしいのか、周囲には把握しづらい。学校で勉強ができなくとも、それは本人に学習意欲が欠けるからだといったふうに誤解されるのがふつうだった。また当人も、おかしくとも他と比べようがないのだから、それが当り前と思って、日々を暮らしてきた。

それが障害の症候としてカテゴリー化されるようになったのは、ひとえに臨床的な神経科学の進歩に因る。特殊で「少し変わった症例」として、個別に認識されていたものが体系だって整理されるなかで、全体の輪郭が見わたせるようになってきた。

しかも、どうしてそのような障害が生ずるのかについての認識も変わってきた。学習障害の範疇からは少し逸脱するが、例えば自閉症が良い例である。かつては生後の人間関係（とりわけ母子関係）が原因とみなされたことがあった。だが研究が進むなかで、知的な障害のかなりのものが、遺伝性であることが明らかになってきている。このように、本人の責任でも、親の責任でもなく、いくら努力しても学習に困難をきたす人間というのが、世の中には少なからず存在するというように認識が改まってきたのだ。

そう思って改めて、過去に生きた著名人の生涯をながめてみると、「ああ、あの人も障害を持っていたんだ」と思いいたるケースが少なからず出てくる。こんな風にして、私なりに、さまざまな人物の伝記をひっくり返してみて、まとめてみたのが本書の内容である。具体的に登場するのは、クロマニヨン人の時代の名もなきアーティスト、トマス・エジソン、坂田三吉、アルバート・アインシュタイン、レオナルド・ダ・ヴィンチ、クリスチャン・アンデルセン、グラハム・ベル、ウォルト・ディズニー、ヴォルフガング・アマデウス・モーツァルトである。

トマス・エジソンは注意欠陥障害であったと推察される。

アルバート・アインシュタインは残された脳の標本から判断するに、読み書きと計算の学習が困難であるという意味での狭義の学習障害であったと考えられる。坂田三吉も重度の読み書き障害、またレオナルド・ダ・ヴィンチにも、明らかに同様の障害があったと思われる。

クリスチャン・アンデルセンは文法障害に苦しんでいた。

グラハム・ベルはどうしても他人の気持ちがわからなかった。

ウォルト・ディズニーは死ぬまで多動症であった。

モーツァルトは、果てしなく放浪をくり返した。

これらの人々の生活を追うなかで、私が冒頭に書いた広義の学習障害の本質が明らかになっていくよう本書は構成されている。

ハンディキャップという一面的理解

もっとも偉人たちの名前を目にしたところで、「以前からそのことを知っていた」という人物と、「初耳だ」という人物が混ざっているかもしれない。おそらく、いちばんよく知られているのはアインシュタインに違いない。

しかし私はこの本で、障害にもかかわらず、それを克服して偉大な足跡を残した人の伝記を単純にまとめようとしているわけでは、決してない。たとえば今あげたアインシュタインをとってみても、彼が障害者であったことを記すに際し、従来どう書かれていたかというと、判で押したように「彼は障害があったにもかかわらず、やがて物理学者として……」という風な表現をとっているのに気づくだろう。つまり、障害を克服してがんばったのだと伝えようとする。

しかしながら、この発想は全く誤っている、というのが本書のメッセージの核心にほかならない。「障害があったにもかかわらず」ではなくて、「障害があったからこそ」、彼は後世に名を残す発見ができたのであると、私は考えている。それは、他の偉人についても全く変わらない。障害を持つことは、必ずしも当人にとってハンディキャップとして作用するとは限らない。それどころか、正反対に、強みとして働くことも珍しくないのだ。それを、すぐに弱点ととらえてしまうのは、健常者の思いあがりというものである。

障害があるから能力の面で不足していると考えるのは、決してまっとうな発想ではない。なるほど、通常の人間が個々に付与されている能力をフルに稼働させているのならば、そう考えても誤りはないかもしれない。だが、ふつう私たちは与えられたものの、ごくわずかしか活かしていないのではないか。だとすれば、あらかじめ付与されたものに少々の遜色があったとしても、活用に際して不利が生ずるとは限らなくなってくるはずである。

それどころか、劣っている面が存在するからこそ、それを代償しようと常になく他の能力が発揮されることがある。ふつうならば眠っているものが、目を醒ますのだ。状況が常ではないことが良い方向へ作用して、フル稼働が起きるのかもしれない。結果として、健常者にはない才能が発掘されることとなる。そうした偉人たちの個性的な生涯を、列挙してみた。

障害の持つ「強さ」

健常者の生というのは、思いのほか画一的である。今日の日本の教育は、子どもに「がんばれば何でも望みはかなうんだよ」と、万能感を植えつけることに躍起となっているものの、育つ人材はどんぐりの背くらべである。しかし、障害者はそうではない。

障害というのは、個々人を比べてみて、その質と量において、誰ひとりとして他の人と同じということがない。だから、それを補おうとする働きもそれぞれで異なってくる。私たちの身体には、機能しない側面がある時、バランスを回復しようとする力がある。その働きがめいめい、量と質において違ってしまうため、障害者ならではの個性が生まれるのである。

その力は、健常者の思い及びもしないことをしでかすことがある。すると障害者の方が、人間生来の力を出していることになる。そのことを私は、この本で書いたつもりだ。そして最後の章で、どうしてこのような障害というものがあるのかについて、自分なりの仮説を書いてみた。実はどうやら、発達障害という現象はヒトにのみ、固有であるらしい。なぜ、そういうことになるのかを、ヒトをヒトたらしめている高次の認知機能の誕生とからめて論じてある。

とりたてて第1章から読む必要は、ない。興味のありそうなところから、御自由にどうぞ。

1

序　章　人は皆、障害を持ったサルである

ニューロダイバーシティの科学を目指して

この本は、近年盛んに耳にするようになってきた発達障害というものを今までと違う見方で、とらえ直そうとする試みである。障害と呼ばれるものの実は障害ではない。人間という生き物が、ほかの生物にない多様性を示していて、その多様性の中でマイノリティであるがために、多数派から障害ととらえられているにすぎないということが、さまざまな実例に沿って論じられている。

端的に私が目指そうとしているのはニューロダイバーシティ（neurodiversity）の科学である。ニューロダイバーシティは、なかなか日本語にしづらい単語である。neuroというのは

神経を表す接頭辞だ。diversityとは多様性。たとえばbioというのは生物を表す接頭辞で、biodiversityとは生物多様性を意味する。二〇世紀終わりの二〇年の間、エコロジー運動の機運が高まりを見せた。科学技術が驚異的な発展を見せるなか、人類が無軌道に自然を開発することが人類そのものの滅亡を導くのではないかという危機感から、生物界本来の持つ多様性を保持する試みの重要性を強調する発想が生まれる。biodiversityが、そうした運動のキーワードとして盛んに用いられるようになり、今日に至っている。

biodiversityが生物多様性と訳されるのであるなら、neurodiversityは脳神経系の多様性ということになる。つまり人間一人ひとりを制御している脳神経系にも、多様性があり、従来考えられてきたほど、各個人均質ではないという考え方である。もっとヴァリエーションを考えないといけないよというメッセージだ。

ヴァリエーションを無視すると、生物としての人間本来の多様性が見失われてしまう。結果として、多数派の者たちだけがのさばり、少数派を迫害することとなる。そして事実、そういう迫害が少なくともここ数百年行なわれてきたし、迫害はますます度を増している。それをここで一度立ち止まり、見直そうという問題意識がneurodiversityという表現には込められている。

具体的には、発達障害というレッテルがそういう偏見の産物ではないかというのが、この本のメッセージである。ニューロダイバーシティの立場に立つならば、発達障害と呼ばれている人々も多くの場合、決して多数派の人々に比べて何らかの遜色がある存在なのではないということになる。少数派であったところで、人間が本来生活をしている環境のもとでは、その生活を維持していくために不可欠な役割を果たしていた。ただし、その役割を果たすためには人間のポピュレーション全体の中の少数の者たちだけで十分であった。ところが科学技術の飛躍的な発達に伴い、人間の生活環境は激変した。激変したあげく、少数派が役割を発揮する機会そのものが失われてしまった。典型的に西洋近代社会のようなところでは、少数派は無用の長物と化してしまっているのではないか。

挙げ句の果てに多数派からは、お荷物扱いされるに至ったのではないか。それを象徴するのが、障害者というレッテルなのではないかというのがニューロダイバーシティの観点に立った、発達障害の見方である。

誰にとっての「障害」か

ニューロダイバーシティという主張が生まれたのは、一九六〇～七〇年代のアメリカ、市民権運動やベトナム反戦運動の中であったとされている。"Black is beautiful" というようなスローガンがもてはやされたころのことであった。その限りにおいては、ニューロダイバーシティは純粋に、思想表現にとどまったものにすぎない。

しかし、単に思想表現ではない。ファッショナブルなキャッチコピーに止まるものではない。

科学的根拠があるのだということを、私はこの本で書こうと思った。近年、人間の心理や行動を研究する世界では、発達障害とりわけ自閉症を扱ったものが急激に数を増しつつある。それは日本でも例外でない。おそらく社会の関心を反映してのことであると思われる。その内容はむろん、多岐にわたっている。だが多岐であるにもかかわらず、一点においては見事なほど共通しているように私には見える。結局のところ、障害のある人間は、どこに問題があるのか、いわば粗探しの立場からのアプローチなのである。彼らの何が問題であるかを見つけて、それを直すことで障害のない人間に極力近い存在にしようという発想が根底にある。

しかし私からすれば、こういうアプローチは近代社会が無くしてしまった人間本来の持つ多様性を取り戻すことには、まったくつながらない。発達障害というレッテルを貼られた者への、差別と偏見を固定する営みにすぎないようにすら思えるのである。

そうでなくて、発達障害を特徴づける要因に今まで見落とされてきたメリット、多数派の人間にはない特色を見出し、均質化した現代人の生のあり方に「ふくらみ」を取り戻す試みがあってもいいのではないか――そう思って、私はこの本を書こうと思った。

なるほど多数派から見れば、少数派は自分たちに理解不能で、それゆえに障害のある存在に映るかもしれない。しかしもしも少数派もやはり人間が集団として生き延びる上で、重要な役割を果たしており、その役割抜きには生き延びられなかったのであるならば、そういう少数派にとって多数派はやはり、理解不能な存在であり、ひいては障害者として映る存在であるということになる。つまり障害者の規定など、相対的なものにすぎないのである。つまるところ多数派も少数派もたがいの存在を必要としている。それならば互いの存在抜きに「ある」多数派も少数派も、それだけでは障害者であるという結論に至る。ニューロダイバーシティという特徴が生物としてのヒトに進化した結果、一人ひとりの人間は障害者と呼ばれる存在になった。ヒトは誰もが、障害者であるといえるだろう。

発達障害という概念の形成

今日、社会で注目されているような発達障害が診断をくだされる場合、ざっくりと三つのタイプに分類されるとみなされている。自閉症、注意欠陥障害、学習障害の三タイプにほかならない。実際には、ほかのタイプの発達障害も多数あるにもかかわらず、この三つが社会の注目を浴びているのは、その発現の頻度がほかより圧倒的に高いからである。今日の日本では、診断を仰ぐのは、保護者に同伴された小児であることがたいていかもしれない。発達障害とはそもそも、多数の人間に観察されるようなパターンの発達過程を辿っていないことに起因する障害の総称である。しかも、その逸脱が遺伝性のものである場合である。

生物には遺伝情報が備わっていて、それが受精後に次々と適切に発現していくようにプログラムが仕込まれていて、なおかつ各成長段階で適切に環境とやりとりをすることによって、発達を遂げていく。そのプログラムに問題があることに由来する障害が発達障害である。たとえば、乳児のころ、生後三ヶ月に成長すると赤ちゃんには二つの目のようなものと、その下に唇のようなパターンがあり、しかも全体が丸く囲まれているような図形が周囲に存在すると、無条件にそれに注視する習性が発現する。通常、彼らの周囲にあるそのような刺激対象とは、人間の顔しかありえないと思われる。しかも、「顔状の刺激」を目にすると、彼らには無条件に笑みを浮かべるようにプログラムも、遺伝的に仕込まれている。このプログラムによって、赤ちゃんの周りの大人は自分に対し、赤ちゃんが笑いを振りまいていると「錯覚」する。この錯覚は、赤ちゃんが生きていく上でたいへん重要な働きをする。思わず大人は赤ちゃんに引き込まれるので、双方の間に密な情緒交流が生まれるからである。

この交流なしには、その後の赤ちゃんの言葉の習得などありえない。そもそも彼らはすべてを周囲の大人から学習しなくてはならないわけで、相手が自分に関心を持ってくれないと、その学習の機会自体がなくなってしまうからである。翻って考えるに、赤ちゃんに生後三ヶ月の段階で顔状刺激に対する生得的感受性が発現しないだけで、その後に彼らが言語を習得することまでが困難になっていくことがわかる。もちろん言葉の発達が遅れるとそれは、当人の知能発達の遅れにつながりかねない。これが発達障害というものが、たとえわずかな障害であっても当事者に深刻な影響を及ぼしかねないことの本質である。

自閉症も注意欠陥多動性障害も、学習障害も本質的には遺伝子の障害によって引き起こされるものとみなされている。以前は、環境要因によって起きるのではないかと考えられた時期もあった。また今でも、環境要因は無視できないとも言われている。だが、たとえば北欧での大規模な双生児研究に基づく自閉症の発症率にデータなどを見ると、一卵性双生児では一方が自閉と診断された場合のもう一方が自閉である割合は五割を超えるのに対し、二卵性双生児では限りなくゼロであることが知られている。言うまでもなく一卵性双生児はまったく同一の遺伝情報を共有するのに対し、二卵性ではそうではない。すると発症率に圧倒的な相違が生ずるのである。

むろん、一卵性双生児でも双方が一〇〇パーセント一致しないということは、環境情報の関与の可能性を示唆しているのかもしれないものの、遺伝要因の関与が大きいことは絶対に否定できない。それはほかの発達障害についても同様である。

ところで霊長類の研究をしていると、人間以外のサルにも発達障害はあるのですかという質問に会うことがしばしばである。昨今、人間研究のために自閉症モデルのサルを作るとか、できたとかの話はしばしば耳にするけれども、少なくとも人間の作為が介入しない、自然状態に関するならば、発達障害のサルというのはまったく報告がない。それどころか遺伝情報を調べてみたところ異常があるにもかかわらず、外見や行動の上ではまったく異常が見当たらないというのがふつうなのだ。

たとえば人間ではダウン症という遺伝的障害がよく知られている。特定の染色体の数が一本多いことにより発生する。風貌そのものが、障害によって変化することも周知である。こういう染色体異常は実はサルでも、見られる。にもかかわらず、何ら異常が見受けられない。サルの外見にも反映されない。どうして人間ではかなり強い障害として反映されるのにサルではそうならないのか？　まったく良くわからない。今のところ確実なことは、人間にしばしば見られる障害、とりわけ発達障害の類は人間に固有の生物的現象であるということだけである。

発達障害はなぜ淘汰されないのか

注目されるようになってきた発達障害には、ほかにも大きな謎がある。そもそも障害としては、その発現頻度が例外的に高いという事実がそれである。自閉症をとってみても、少なく見積もって全人口の一〜二パーセント、多い推定値では四〜五パーセントもあるのではないかとされている。これは遺伝的とされている障害の中では、異常と表現しても誇張ではない数値である。

そもそも障害というのは、生きていく上で妨げになるから障害と呼ばれているわけである。遺伝子の異常に因ることが明らかになっている障害というのは、以前から多くが報告されてきている。たとえばウィリアムズ症候群という、ニュージーランドのウィリアムズが最初に記載したものの場合、発現確率は二万人に一人であるという。プラダ＝ウィリー症候群というプラダとウィリーが発見したものの場合は一万七千人に一人だ。いずれも医師でない限り、一般人がそういう障害に実際に出会う機会は、たいへん稀である。

稀で当然なのだ。障害なのだから、そういう障害を持った人が持っていない人より生きていくのが困難なはずと推測される。当然、子どもを残す確率も低くなる。だから自分に遺伝子を後世に伝える確率が低下する。低下するのが通常であると考えられる。それがダーウィンのいうところの淘汰（selection）というものの実体である。文字通りセレクトされ、選別からはずれていく。

翻って考えるに、今、社会の関心を呼んでいる発達障害は遺伝的要因で起きるというのに、どうしてそういう淘汰を受けなかったのだろう。なぜ選別されて、除外されなかったのかが問題となってくる。

ここから導き出される結論は唯一、そうした発達障害は昨今の科学技術の発達した社会でこそ、その担い手に生きる上での困難をもたらしているものの、それまでは、そういう負担になってなかったからではないのかというところに行き着くのである。それどころか、発達障害の特徴とされているものを持っていることで、むしろ持っていない人間では行ない得ない内容を実現することが可能であったのではないのか？　こう視点を転換する方が、いろんなことのつじつまが合うように思えるのである。

このような発見について、障害が強みとなった事例を各章ごとに見ていくことにしようと思う。

第1章　洞窟壁画の無名の画家たち

一九四〇年ラスコー洞窟が発見される。それから五六年後、ショーヴェ洞窟発見。先史時代すでにアートと呼ばれるものが出現していた事実が判明、世界に衝撃を与えた。

定型 vs 非定型

ニューロダイバーシティの考え方では、従来は健常者と言うように呼び習わされてきた多数派の人間のことを「定型脳を保持している（neurotypical）、略してNT」と表記する。これに対してマイノリティは「非定形（neurodivergent）」であるということになる。かつて人類が進化した、その本来の生活様式に充足していた時代には、両者は相互に補完しあって生活していたのではないかと仮定する。ところが有史以降、つまり文明が誕生し人間が自らの環境を欲望に従って加工し始め、時代を経るにつれてNTの人たちがマイノリティを駆逐し、自分たちにのみ都合の良い状態へ生活環境を変えてきたというのが、今日の先進国社会の状況にほかならないのではないのか。

具体的に人類が進化した本来的な生活スタイルとは、狩猟採集生活を意味する。食物の採集一つをするにあたっても、食べられる植物と毒のあるものについての知識が求められたことだろう。屋外で活動するための天候の見きわめ、天体の運行に基づく季節変化の理解も不可欠である。さらに食料供給の中核をなす狩猟にあたっても、獲物となる動物の習性に熟知することなくしては、射止める事などとうてい不可能であるのだけれども、その情報を提供するのがNTの役割であったのではとの推測が成り立つのだ。そのNTが今では、たとえば自閉症スペクトラム障害の障害者というレッテルを貼られ、治療教育の対象に貶められているのではないか……。

こんなことを書くと、まるで妄想に浸っているように受け止められるかもしれない。しかし妄想ではないことを以下に説明していこうというのが本書の目的だ。

実は物的な証拠にあたるものが狩猟採集時代から残されているのである。それが今から二万年から三万年前に描かれた洞窟壁画なのである。

洞窟壁画というと日本では、まずラスコー洞窟の壁画、あるいはアルタミラの物の名が挙げられるのがふつうである。いずれもヨーロッパ先史時代の分類に即するとマドレーヌ期と分類される時期に描かれたとされている。マドレーヌというのは南フランスに流れる河川の名称で、その流域からピレネー山脈にかけて、この年代のものと判別される遺跡が輩出することに起因している。もちろんアルタミラもラスコーも、その例外ではない。

洞窟壁画の発見の歴史でいうと、アルタミラ洞窟がもっとも古く、一九世紀に遡る。年代的には、およそ一万八〇〇〇年前のものとされている。これに対し、ラスコーは後から発見された。一九四〇年のことである。そしてアルタミラに遡ること四〇〇〇年、二万二〇〇〇年前に描かれた壁画であることが判明、以降、これが世界最古の壁画であるとする時期が半世紀あまり続いてきた。しかもその間、二〇〇を超える同様の先史時代の洞窟壁画が発見されたが、いずれもラスコーよりは年代が下がり、規模はラスコーほどでなく、かつそのすべてがマドレーヌ川流域からピレネーにかけてにおいてであった。当時その辺りには、クロマニヨン人と言われる、我々現代人の直系の祖先が住んでいたことがわかっている。それゆえ、まさに西洋文明の萌芽がこうした洞窟壁画とりわけラスコーに象徴されるのだという発想が生まれたし、日本の社会科の歴史記述もその影響をまともに受けてきたのだった。

ただし実は今日では、発見されている洞窟壁画のうち最古のものはもはやラスコー壁画ではなくなってしまっている。ショーヴェ洞窟という日本ではほとんど名前の通っていない所のものが三万二五〇〇年前に描かれたものとして、ラスコーを遡ることなんと一〇〇〇〇年以上古いものとして一九九六年に発見されており、しかもその美しさも規模もラスコーを上回るのだがどういうわけか、ほとんど紹介されることなく現在に至っているのである（図1-1）。

ショーヴェ洞窟は、その発見者であるジーンマリー・ショーヴェが自分の姓を用いて命名し

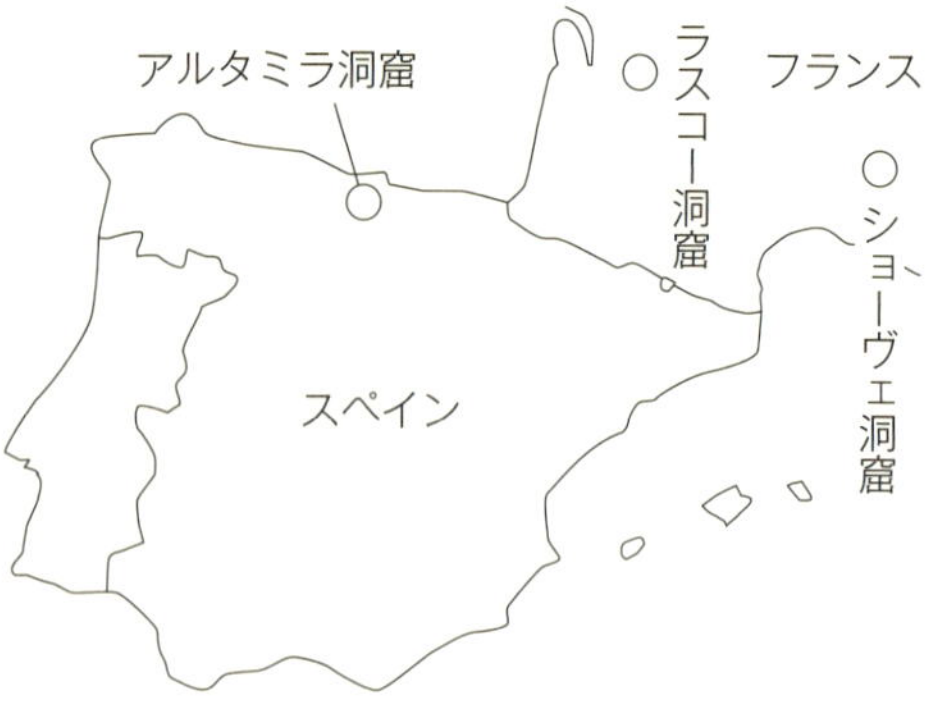

図1-1　古代の洞窟壁画

たがために、そう呼び習わされている洞窟で、ラスコー洞窟がラスコー村にあるがゆえにそう呼ばれているのと同じ慣例に従えば、ポンダルク村にあるがゆえにポンダルク洞窟と別名で表記されることも稀ではない。ショーヴェという人物は、洞窟探検を専門とする女性で彼女自身、ラスコーの洞窟壁画に魅せられ、同じ規模の洞窟壁画あるいはそれ以上のものを見つけたいとの熱情にかられ、何十年もマドレーヌ川流域を探し続けた挙句、ようやく一九九六年、ポンダルクで発見に至ったのであった。それがラスコーよりも一〇〇〇〇年も古く、かつ規模においてもラスコーをしのぐとわかった――そう考えると自分の姓を洞窟名として残したいと感じたのもよくわかるというものではないか。

私は、二〇一七年に現地を訪ねたことがある。洞窟の現物は発見直後に保全のために閉鎖され、近所にそっくりのレプリカが復元されている。だがレプリカであるとわかっていても、感動を禁じ得ないほどの規模と美しさである。

図1-2にその数例を私が自分で撮影したものを示しているが、とうてい実物の百分の一に

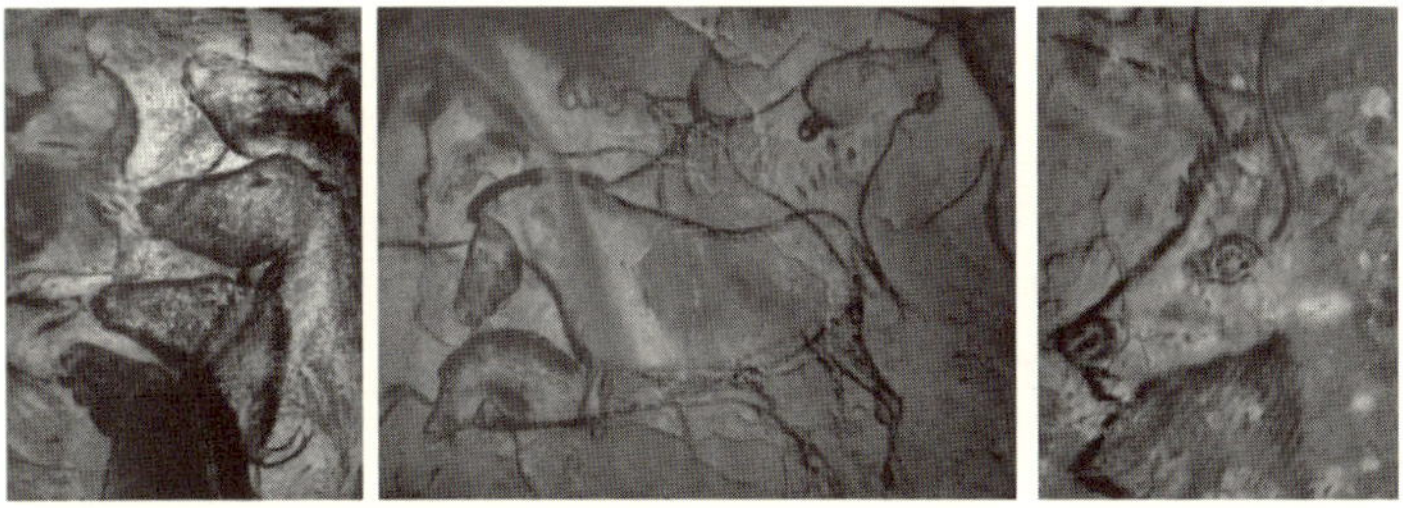

図1-2　ショーヴェ洞窟の壁画の例

もその迫力は及ばない。実物は見事に彩色されているし、大きさが想像を超えている。描かれた動物のスケールはほぼ原寸あるいは原寸大を上回る大きさである。それが洞窟の天井部分にしなくてはならないし、背の届かないところで作業するには、梯子のような道具を要したであろう。一体どれだけの規模で、どれだけの年月を要し、どれだけの制作器具を用いたのか、いまだにほとんど何もわかっていない。

クロマニヨン人の壁画

一九九六年に、この洞窟壁画が発見された時、日本ではほとんど関心を呼ばなかったのに対し、欧米ではたいへんセンセーショナルにもてはやされたのであった。それは美術界とて同様だった。何しろ三万年以上前に、もはやアートと呼んで差し支えない技が誕生していたのである。三万年というと、まだ現代人とは別系統であるとみなされている旧人のネアンデルタールが生きていた時代である。しかし我々の直系の祖先であるクロマニヨン人は、彼らとは異なり、洗練された描画の技法を獲得していた。壁画が単なるスケッチのものであったならともかく、かくも細密にしかも彩色されて書かれているということは、作者に概念とか象徴というような高度な認識作用があったであろうことを示唆していると美術史家は熱狂した。しかも壁画を残すことで彼らは、何らかの情報を後世に伝えようとしたのではないか。もしそうであるならたいへんな知識を有し、文化を形成していたことになるだろう。

実のところ、洞窟壁画はラスコーも含め謎に満ちている。そもそも何を目的として、それが作られたのかが皆目わかっていない。いやそれ以前に、なぜ洞窟内部に描かれねばならなかったのかすらわからないのが現状なのだ。以前は、洞窟外にも同じように描かれていたのだろう。ただしそれらは風化して消滅し、洞窟内だけが保存状態が良くて残ったのだとも考えられたことがあった。だがショーヴェのように専門家があらゆる場所を丹念に捜索したところで、洞窟外に同じようなものを描いた証拠はその痕跡すら見つからなかった。

さらに、壁画として描かれた対象についての謎がある。マドレーヌ期のもののほとんどで動物しかも特定の動物が描かれているのだ。

具体的に、その九九パーセント以上が大型哺乳類の姿なのである。一方、鳥やヘビなどは一切登場しない。当時の人々の狩猟の対象であったシカやバイソンばかりか、脅威でしかなかった当時フランスに生息していたライオンやハイエナまでもが、実に写実的に描かれている。他方、貴重な食料源であっても小型獣であるウサギなどは一切登場しない。また人間の姿もきわめて稀である。植物なども一切残されていない。ほとんど徹底して、大型哺乳獣ばかりが恐ろしく写実的に描かれている。

謎は尽きることがないほど限りないものであるものの、考古学者や美術史家の従来の最大の関心事はやはり、製作者の技法があまりに卓越しているという事実に集中してきたのは、やむを得ないことであったかもしれない。対象が三次元で捉えられている。画面の中に複数の生き物が登場するが、それらの間に遠近感が与えられている。現代人ですら、これだけの技法を習得するのにどれほどの期間を要するのか。そもそも教育を何らかの形で受けることなく、こんなものが描けるのかと人々は驚嘆したのだ。事実、ショーヴェ洞窟が発見された当時、これを発見者の捏造と疑う人が少なくなかったほどである。ラスコーの場合、子どもがかくれんぼの最中に見つけたので、真贋を疑う余地はなかったけれども、ショーヴェは、彼女がかねてから血眼に洞窟壁画を探していたことは周知であったので、作為があることを疑う人間は決して少なくなかったと言われている。

洞窟壁画と自閉症児の描画の共通点

ショーヴェにとっては心外なことであっただろうと想像されるが、壁画はそれほどまでにこれまでの常識を覆すものであったわけである。美術史の立場からすると、洞窟壁画の大型哺乳獣を描いた技法に匹敵するスタイルで同じように動物が描かれることは、その後、文明が誕生しても絶えて長くない、とされている。そしてルネサンスになって初めて、というか再び見られるようになり、その後、同様のスタイルが連綿と続いて今日に至るのである。

つまり、動物の美術描写の歴史は洞窟絵壁画期と文明勃興以降で不連続なのだ。もしも同じ人類が同じように動物を描き続けるという作業に携わってきたと考えるのならば、どのようにこの不連続性を説明すればいいのだろうか？

クロマニヨン人以降の現生人類といえども、その心の持ち方を一タイプに限られるものではないかもしれない、というのが私の考え方でありニューロダイバーシティに基づく仮説である。文明以降の作者たちと、洞窟壁画の制作者たちはニューロダイバーシティに即してカテゴライズした時、違ったグループに属する人々であると考えられないだろうかと私は推測する。そして事実、この推測を裏付けるような指摘がショーヴェ洞窟発見直後すでに、なされていたのである。

洞窟壁画の描画スタイルが現代社会で自閉症者に一般的に見られるものと一致を示すという指摘が、それである。社会ではあまり注目されていないものの、自閉症者にはペンと紙を提供すると時間をかけて、おそろしいまでに細密な絵を描く人々はあまた存在する。ただし描かれるのは、人工物ではビルディングや鉄道、あるいは自然物の動植物に限られるのがふつうである。そのタッチが多くの場合、過去の洞窟壁画ときわめて類似している事実が、英国の心理学者であるニコラス・ハンフリーによって指摘されているのだ。ただ不幸なことに、その示唆の含蓄は関係者の注意を喚起し得ることなく、やがて指摘自体が忘れ去られて今日に至っているのである。

人物への無関心

さらにハンフリーが気づかなかった興味深い事実もある。洞窟壁画では、なるほど動物は感嘆されるほど細密に描かれているがそれにもかかわらず、ほとんど描かれることのないもの、典型的には人物画を敢えて探し出して比較すると、生き生きとした動物画とは見事なほど対照的に稚拙な風にしか描かれていないという事実である。

図１-３はラスコー壁画における同じ壁面に残っているシカとヒトの線刻画である。他方、図１-４は九歳の自閉症女児の描いたウマと鏡に映った自分の姿のスケッチだ。自閉症は今日では「自閉症スペクトラム障害」と総称され、障害の程度は多岐にわたる。日常の生活にあまり支障がなく、一見それとわからない場合から重度のケースまでさまざまであるが、この子はまったく言葉を習得できない。またＩＱも低くて、周囲との意思疎通にも事欠き、障害名そのもののような症候の自閉症児であった。ただし絵を描くことには非常に関心を示し、また身の回りの生き物を好み、それらを表現させると見事な技を発揮する。

図 1-3　ラスコー洞窟に描かれた動物と人の例

図 1-4　九歳の自閉症児の描画例

　当初、彼女のような自閉症児が報告された時、「ＩＱが著しく劣るにもかかわらず、描画のみに才能を発揮する例外的な子どもの事例」と報告されるのが常であった。しかしやがてそれは、ＮＴ人間の自閉症への偏見の産物であることが明らかになりつつあると私は少なくとも考えている。彼女のような自閉症児は知能が劣るのだから、何をさせてもできないに決まっているとＮＴが頭から決めつけて対応しているだけの話なのである。実際に、書くものを持つ機会と、関心のある対象物と身近に接する機会を提供してみると、驚くほど多くの子どもが驚くほど高度な技法で絵を描いてみせることに気がつくはずである。とりわけ表現の細密さと、写実性の高さが特徴である。

今や自閉症者の製作する絵画は「アウトサイダーアート」という美術の一ジャンルを形成しているほどであり、試しにインターネットで検索するとおびただしい量の作品がただちに検索できることだろう。

自閉症者がアート作品を生み出すことにたぐいまれな才能を発揮するのは、決して珍しいことではないのである。それどころか総じてNTの人間より水準が高いと考える方が、正しいだろう。ただし、そこには留保がつく。たとえば描画がその典型であり、図1-4にもそれはよく表れているのだが、細密で写実的に描かれるのは、「物」に限られ「人」はその対象からはずれる。自画像であれ、他人が対象であれ、人物を描くとなると、外界に存在する事物についてはあれだけ精緻に描く才能を見せるのにもかかわらず、まったく拙劣にしか表現できなくなるのである。ハンフリーは洞窟壁画と自閉症者の描く動物像の高い写実性に気づきながらも、双方が共通して拙劣にしか人物像を描けない事実には思いが至らなかった。そして、動物像が共通していることから、洞窟壁画の作者もまた、IQが低い可能性を指し、クロマニヨン人がこのような素晴らしい作品を残したからといって必ずしも高い精神性を有していたことの証拠にはならないと、主張するに終わったのだった。

そもそも自閉症者はたとえ絵を描くのが好きな場合でも、こと人物画の創作を承諾してもらうのには、けっこう時間を要することが多い。興味がそちらには向かないらしい。そうした関心の傾向は、ＩＱとは無関係である。たとえば図１-５は私が知り合いの小学四年生の自閉症児に描いてもらった絵二枚である。この子どもは描画が大好きで書くものと紙があれば、時間の許す限り絵を描いているのだが、自由にさせている限りは左のようなものばかりを描く。まるで美術史上、抽象絵画のジャンルを確立したモンドリアンばりである。むろんモンドリアンのことは知らない。何を描いているのかと聞くと、身の回りであるという。そういう子どもに敢えて自分の顔を描いてくれるようお願いし、渋る子どもを説得して製作してもらったのが右なのだが、左のようなセンスを持つ人物が描いたとはなかなか想像できないようなものしかできてこないのである。ちなみこの子どものＩＱは一〇〇以上あり、言葉にも障害は認められない。なるほど自閉症者の中には、言葉を習得できないためＩＱが低い人々が含まれることは否定できない。しかし、言葉をＮＴと同様に話す人々もまったく同じように含まれる。その双方に共通して、写実的に事物を描写する資質が認められ、かつ人には興味が希薄であるという傾向が認められる。

図１-５　小学校四年生の自閉症児の描画例

そして、その特徴がまさに洞窟壁画にもあることが本当に注目しなければならない両者の共通点だと、私は考える。

洞窟壁画と、その後の先史美術との断絶

それというのも洞窟壁画ののちの絵画には、このような傾向はまったく見当たらないからである。

図1-6は一万年前に描かれたと言われている有名な壁画である。アフリカのナミビアという砂漠地帯の岩盤にあるのを一九一七年にフランスのアンリ・ブロイルという学者が発見した。実は、彼がこれを見つけ出す前には「文明発生以前には人類はアートというような類のものを創作することはなかった」というのが定説であった。つまり「先史アート（prehistoric art）」という範疇が存在しなかった。それを打ち破った、画期的な発見の作品にほかならない。むろん先史アートという意味では、今まで述べてきた洞窟壁画と同類ということになるけれども、洞窟には描かれていないし、製作年代も下る。

すると作風にも顕著な相違が現れていて、人物の方は非常に精密に描写されているのに対し、動物はとても省略した表現であることが一目瞭然だろう。洞窟壁画と完全に逆傾向なのだ。しかも、これ以降、この傾向は美術史の一貫した潮流となっていく。たとえば図1-7はまさにショーヴェ洞窟と同じ地域で、ローマ帝国時代に製作されたモザイク画である。まさにクロマ

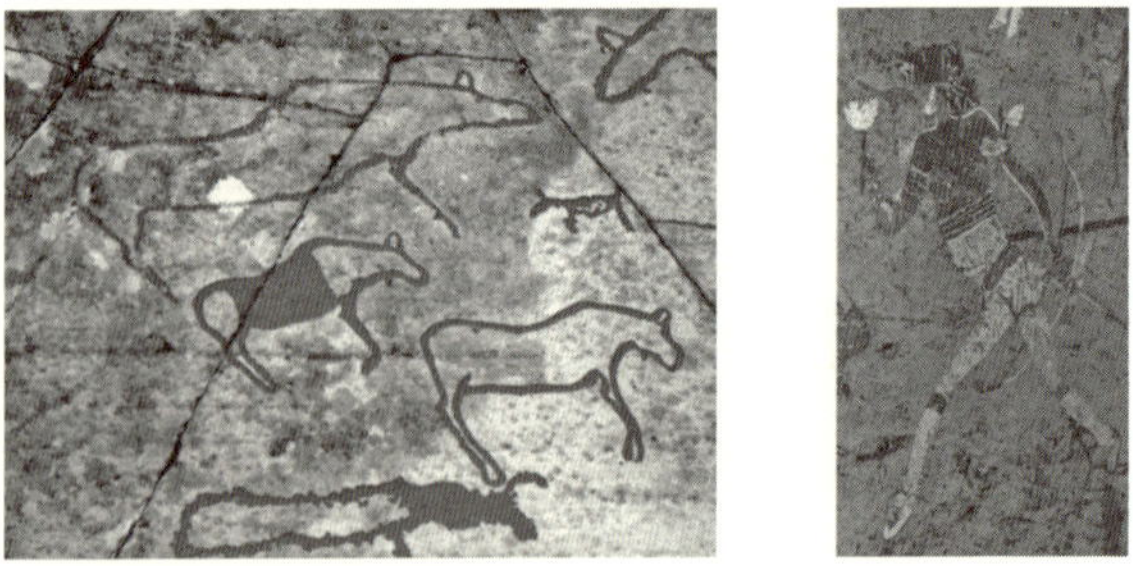

図 1-6　洞窟壁画以降の先史美術の人と動物の描画例

ニヨン人しかも同じ場所にかつて暮らしていた人々と同じシカを描いているのだけれども、どちらが写実的かはあまりに明白だろう。古代ローマ人の動物は意匠の要素がふんだんに盛り込まれている。洞窟壁画の作者のように写実に徹して動物を見るというアートの態度は、クロマニヨン人が姿を消した後は、耐えて久しく見られなくなる。反対に人を写実的に描く姿勢が出現する。洞窟壁画に現れた動物の写実が再現されるのは、近世以降、芸術家がプロとしてのトレーニングを受け、技能を伝授される風土と伝統が培われる時間が必要であった。そうした一種の職業訓練をまったく経験することなく、その技能を発揮することができた異能の人々こそ、あの洞窟壁画の画家たちであったのだが、まさにその異能を我々はまた自閉症者の中に見出すことができるのである。

洞窟壁画の画家たちと自閉症者には、共通した「選り好み」が存在すると推測されるのだ。自分たちの身の周りにある「物」への高い関心と、自分たちの仲間である「人（自分を含めた）」への極端な無関心が、それである。反面、常に時代の先端を行く人類の環境にある「物」に自閉症者は惹かれる傾向を持つ。ガンダムを追っかけている人々……ひと昔以前、まだロボットがなかったころは高層ビルに魅せられている人々がそうであったらしい。そしてもっと時代を遡り、人工物というものがそもそも存在し得なかったころには、象やマンモスなど巨大哺乳動物がその代役を果たしていたと想像されるのだ。

事実、こういう推測が単に推測の域にとどまらないことは、簡単な実験もどきの方法で証明することも可能である。

具体的に幼稚園に通っている子どもに、絵を描いてもらうのだ。それも何十人規模の子どもに描いてもらうことにする。相当数の自閉症児にも、参加してもらうようにする。課題そのものはいたってシンプルである。

図1-7　ローマ帝国時代に製作されたモザイク画

まず、ピクニックにみんなで出かけることにする。と言っても遠出するわけではない。近所の公園へ行って、持参した昼ご飯を食べてしばらく遊んで帰ってくるだけのことである。園に帰ったのち、いまのピクニックをテーマに自由にお絵描きしてもらうのだ。そして、その絵に実際に何が描かれたかを、定量的に分析する。その結果が図1-8に示されている。すると描かれている内容は概ね、人物、動物、植物、食物、乗り物、建物に分類可能なことが明らかとなった。さて、それらのカテゴ

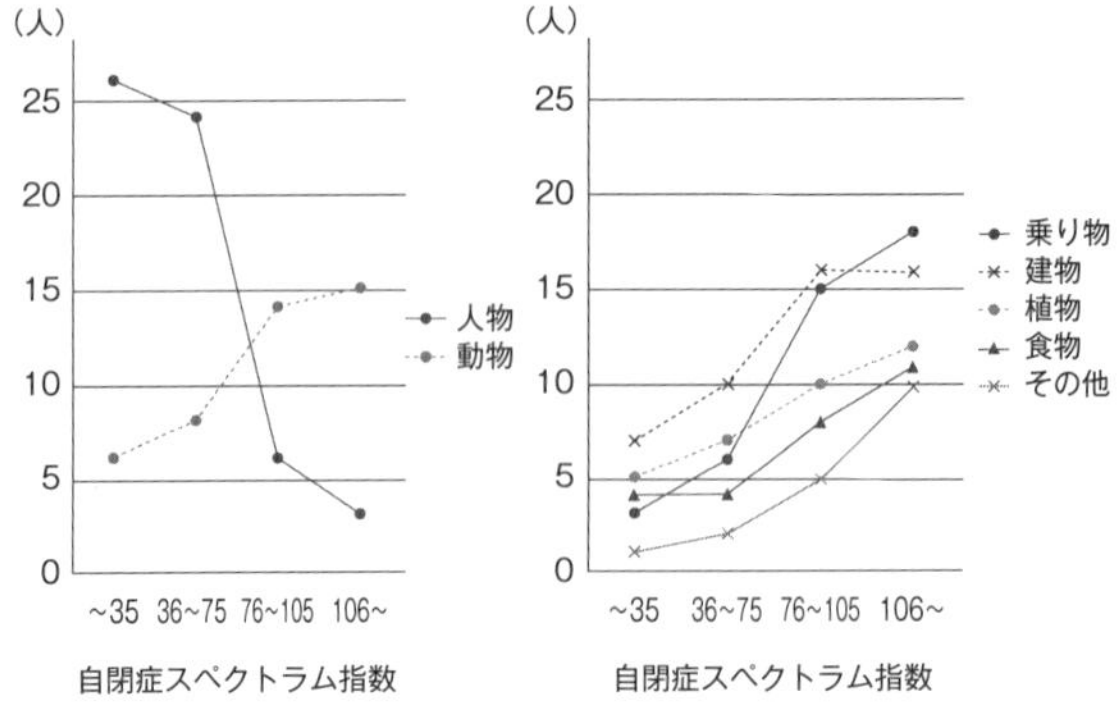

図1-8　定型発達児と自閉症児の「お絵かき実験」の結果

リーのうち、子どもが何を描いたかを、その子どもの「自閉症指数」との関連で見てみた結果が、このグラフにほかならない。自閉症スペクトラム指数とは、おのおのの子どもがどの程度に「自閉症スペクトラム傾向」を示すかを簡便に把握するために考案された質問紙の結果から導き出される指数である。

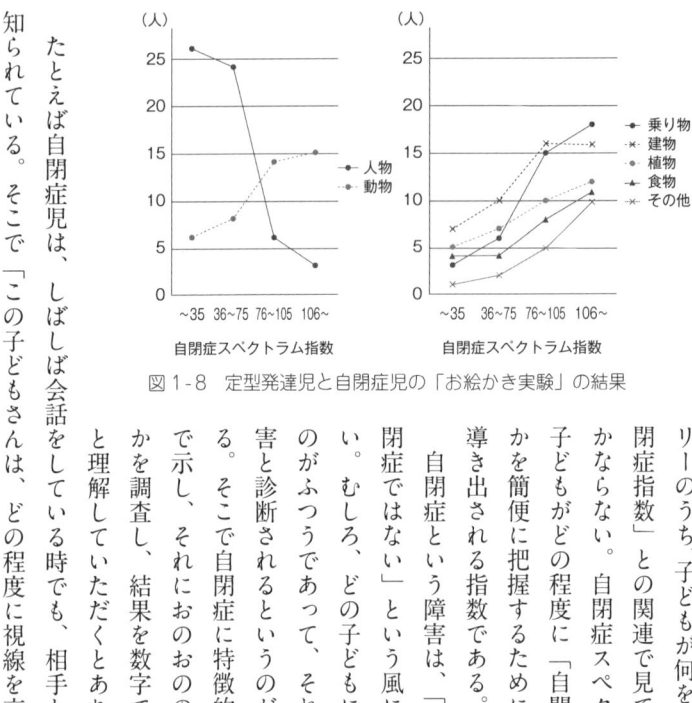

自閉症という障害は、「この子は自閉症」「この子は自閉症ではない」という風に明確に二分されるものではない。むしろ、どの子どもにも何がしか自閉症傾向はあるのがふつうであって、それが一定のレベルを超えると障害と診断されるというのが、今の常識となっている。そこで自閉症に特徴的な具体的傾向をいくつも実例で示し、それにおのおのの子どもがどれほど当てはまるかを調査し、結果を数字で表したのが自閉症指数であると理解していただくとありがたい。

たとえば自閉症児は、しばしば会話をしている時でも、相手と視線を交わさないことがよく知られている。そこで「この子どもさんは、どの程度に視線を交わしませんか」と程度を数値で表してもらうのである。あるいは、感覚過敏の傾向が顕著であったりする。体が痛くてシャワーを浴び流すことができないという自閉症児は珍しくない。そういう傾向も数値化して答えてもらう。そういう結果をどんどん足していくのだ。

数値が大きくなるほど、その子どもの自閉傾向は高いという具合になるよう質問は設定されている。実のところ、七六という値が境界になるという見解がすでに確立している。つまり七六以上の自閉症指数を示す子どもを自閉症児と考えよう、それ以下なら自閉症ではないとみなそうという考えで自閉症研究者の間ではコンセンサスが成立している。

ところが果たして、そのような自閉症指数に基づいて、各子どものお絵描きの内容を比較してみると、なんと値が七五―七六を境にして、違う内容を描くことが明らかになるのである。すべての子どもはほとんど、同じイベントを体験しているわけで、ほぼ同じものを見聞してきたと考えて構わないだろう。それにもかかわらず七五以下の子どもは、人物を中心に絵を描く。具体的にお友だちや保育士さんを描く。他方、七六以上の子どもは、人より物を中心に据えて絵を描いていることがわかるだろう。

自閉症児とそうでない子どもでは、日常世界の中で、何に関心や注意を向けるのかの矛先が違っていることがわかるのである。

上述の結果を見れば、自閉症者がどうして高層ビルやロボットや鉄道に興味を持つかが納得いくのではないだろうか。世界に存在する中で、もっともトレンドである物に惹かれるのだろう。だから自ずとそういう物を描くことに情熱を燃やす。今日の文明社会には、人工物があふれているが先史時代には、むろん、人工物は皆無に近かった。そのころには、マンモスに代表される大型獣が彼らの羨望の的であっただろうと想像するのはあながち、無謀な推測ではあるまい。自閉症者でない者からすれば、食用にもならない大型獣など、危険極まりない厄介者にすぎなかったかもしれない。だが、彼らはそれをある意味で、崇拝するように興味を持ち、ついには自分たちで描いてみよう、しかも迫真のリアリズムで再現しようと思い立ったのではないだろうか。

クロマニヨン人とて、大型獣を真近で接する機会などほとんどなかっただろう。洞窟壁画はそういう存在について人々が情報をシェアする場として活用されたのかもしれない。

洞窟壁画の中には、ライオンを真正面から描いた物すら存在することがわかっている。危険極まりない生物に向き合う機会など、どんな人間にもそうあるものではないし、機会を得たところで、それを記憶にとどめ、その後に迫真の写実性を持って表現するなど、誰が考えても至難の技に違いない。そういう技に習熟しているのは、いわゆる「カメラアイ」を持った人物、つまりいったん目にしたものはデジカメがディスクにイメージを記録するように情報を脳に貯蔵できる技能を持った人物に限られる。ところで、この書物で後述する予定にしているが、発達障害者の中には、まさにそういう技に長けた人が少なからず含まれる事実が判明しているのだ。

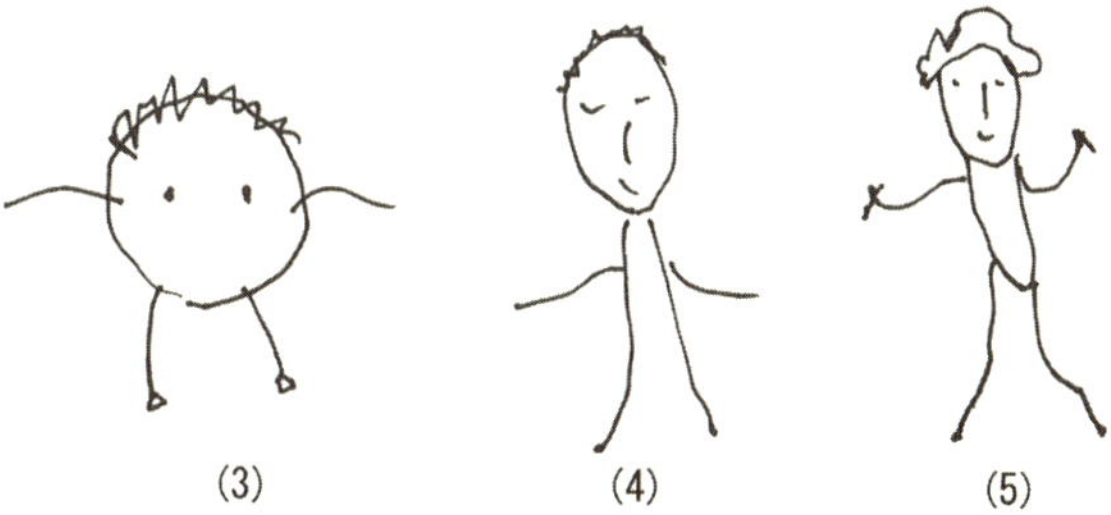

図１-９　三歳から五歳までの定型発達児の人物描画の発達

そういった人物の参画を経て、初めて洞窟壁画は完成を見ることができたのであり、人々はあるいは狩猟に際し、その成功と身の安全を祈ったかもしれない。いずれにせよ、そうしたイベントは自閉症者の関与ぬきには不可能であった可能性が限りなく高い。しかも後世、芸術と呼ばれるものの製作自体が不可能であった。「障害」者が社会のなかで役割をもっていきていたことが、示唆されるのである。

ＮＴの子ども——通常、「定型発達（typically-developing）」と呼ばれる——の人物についての描画行動の発達については、スイスの著名な発達心理学者であったジャン・ピアジェの有名な研究がある。彼の提唱した理論は、私がある定型発達の子どもの絵を発達的に収集した事例についても、見事に当てはまるものである。それが図１-９である。三歳のころ、四歳のころ、そして五歳のころに描いた典型的な作品を列挙してみた。

ピアジェによると、人物描写の子どもにおける発達過程は、文化の違いを問わず万国共通のパターンを示すのだという。子どもは概ね三歳になって初めて、人型の絵を描き始めるのだけれど、まず最初に描くのは、一つの円と、そこから四本の線が出たものが必ずであるという。円が頭部と胴体に対応し、線で手足を表すのである。ほかの身体部位としては、円の上部にもじゃもじゃと髪を書き込み、円の内部に目を入れるにとどまる。

ピアジェはこのパターンを「オタマジャクシ型の人物像」と表現している。頭部と胴体が区別されて描かれることは、三歳児にはない。手足は、その上肢下肢未分化のものから、直接、生え出ている。ところが四歳になると、頭部のイメージが完成する。そこから下方に下肢が描かれ、下肢の途中から分岐した形で上肢が付け加えられる。胴体というものはまだ存在しない。ただし、頭部に目だけでなく、鼻口が描かれるようになる。

五歳になってようやく、胴体が明確な形で登場する。そして上肢が腕と手に分化するようになるという。さらに顔面とは別に髪の生えた頭も描かれるようになっていく。

ピアジェは、このパターンが幼児に普遍的な人物描写発達の過程であることを見出した上で、どうしてこういうプロセスを必ず経過して成長していくのかについての考察を行なっている。考察にあたり彼は、子どもにとって、人物を表現する際の二つの異なる認知方略が存在するのだと仮定したのだった。一つは、「視覚的写実主義（visual realism）」というスタイル、もう一つは「知的写実主義（intellectual realism）」という方略にほかならない。

彼によれば、視覚的写実主義とはまさに大人が一般に人物をスケッチする際にとる方略のことである。つまり自分の目で見たものを、できるだけ忠実に表現しようとするスタイルだ。一方、知的写実主義とは目に映ったイメージではなくて、自分の脳裏にあるイメージ、すなわち自分が知識（intelligence）として持ち合わせているイメージに依拠して、表現を行なっていく方略であるとピアジェは主張する。さらにその上で、子どもは発達初期にはおしなべて視覚的写実主義が苦手である。敢えて書くと、不可能に近い。そこで自ずと、視覚的写実主義に依存して絵を描かざるを得ないのだと考える。しかも幼児は人物像について、まだ貧困な知識しか持ち合わせていない。だから、オタマジャクシ型の作品にならざるを得ない。それが五歳を過ぎてようやく、知的写実主義に目覚めるようになっていくのだというのである。

非常に荒っぽくピアジェの結論を要約すると、幼児の描く人物像が図1-9のようなイメージになるのは、彼らが目で見て人物を描いているわけではなくて、よく見ないままに自分の「人」というものの知識を表現しているからだ、その知識量の増加のプロセスが反映されているのだということにまとまるだろう。そして事実、このように考えてみると自閉症の子どもがあれほど「物」については精緻に絵がかけるにもかかわらず、人物となると途端に粗雑なものしか書けないという謎も、人物に注意・関心が向かないということと同義であると言っても過言ではなく、説明がつくというものなのだ。そもそも自閉症であるとは、対人関係をうまく形成できないということが大きな問題である障害と、定義されているのだから。

「ウォーリーを探せ」実験

自閉症者が対人関係をうまく築けないのには、そもそも他者の表情を認識する能力にNTと差異があることと深く関係していると、考えられるようになりつつある。それは、小学生を対象にした研究でも結果に顕著に現れる。

たとえば図1-10のような絵を用いて、『ウォーリーをさがせ』のような課題をしてもらうことにする。無数の人物像のなかに、ひとりだけほかと異なる人が描かれていて、それをできるだけ早く見つけるという作業である。被験者の子どもにはパソコンの置かれた机の前に座ってもらうことにする。パソコンの画面には、図1-10の上や下の段に描かれたような計一二個の顔を模した線画が現れる。子どもは線画が現れるや、出来るだけ早く、九個のうちほかと異なる表情のものを一つ見つけ、実際に画面の上のその顔にタッチするように教示が与えられている。

上の段の図では、いちばん下の左端の顔を見つけると正解だ。これだけが、怖い顔をしている。他方、下の図では中段の左端だけが柔和な顔つきであることがわかる。パソコンの画面はタッチパネルになっていて、子どもが触ると当該の図が呈示されてから、タッチされるまでに要した時間を瞬時に計算して記録、それと共に一瞬で、画面は暗転する。その後、再び次の九個の顔の線画が現れる……というくり返しで、子どもの顔の表情への感受性を計測するという発想になっている。早く反応できるならば感受性が鋭いということを意味しているだろうという前提に立っているのは、言うまでもない。

果たしてこういう実験を二〇人の自閉症児童と二〇人の定型発達の子どもに行なってみたの

図 1 - 10　視覚探索課題に用いた刺激の例。上では一個だけが怒り顔、下では一個だけが柔和な表情をしている。

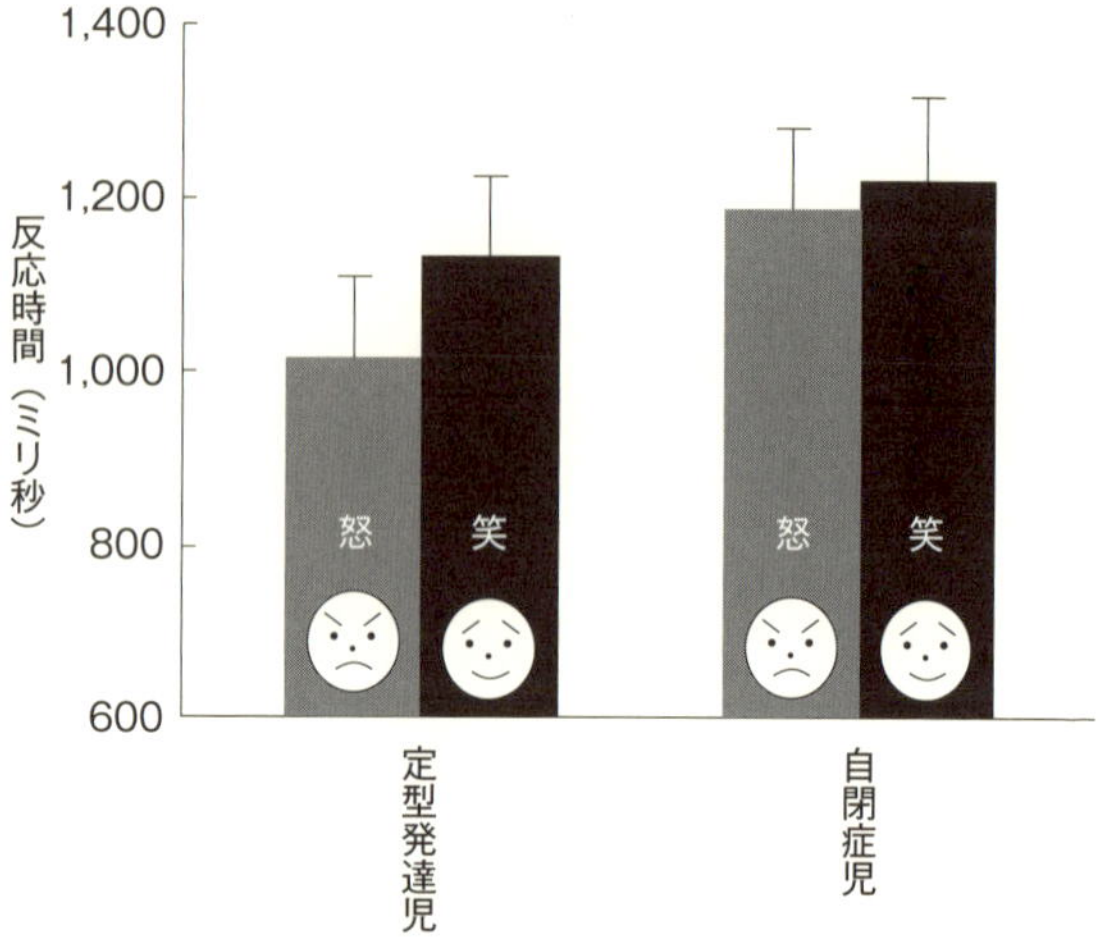

図1-11　視覚探索課題の実験結果。定型発達児は怒り顔に素早く反応するが、自閉症児は怒り顔と笑い顔の区別がつかないため、反応時間に差がない。

が図1-11の結果である。すると自閉症児の課題遂行に時間を要したことがわかるだろう。つまり表情への感受性は、定型発達の子どもより劣り、とりわけ怖い顔（怒り顔）を見つけるのには困難が伴うことが明らかとなるのだ。

ところが、まったく同じ自閉症児に人以外のイメージを使って同じ形式の実験をしてみる。たとえば動物。トンボがいっぱい描かれている中に一匹のクモを見つけるような課題を行なうと、ダントツのスピードで発見してしまう。

他人の表情の微妙な相違を見きわめるなどが、もっとも苦手。その代わり、チョウをたくさん採集してきて、羽の紋様のわずかな違いによって分類をするとなると、どこに秘められていたのかといぶかしく感ずるほどの情熱を見せる。しかも結局、両者の子どもの違いはこれに尽きると言っても誇張ではないのである。要は生活のスタンスが異なるのである。

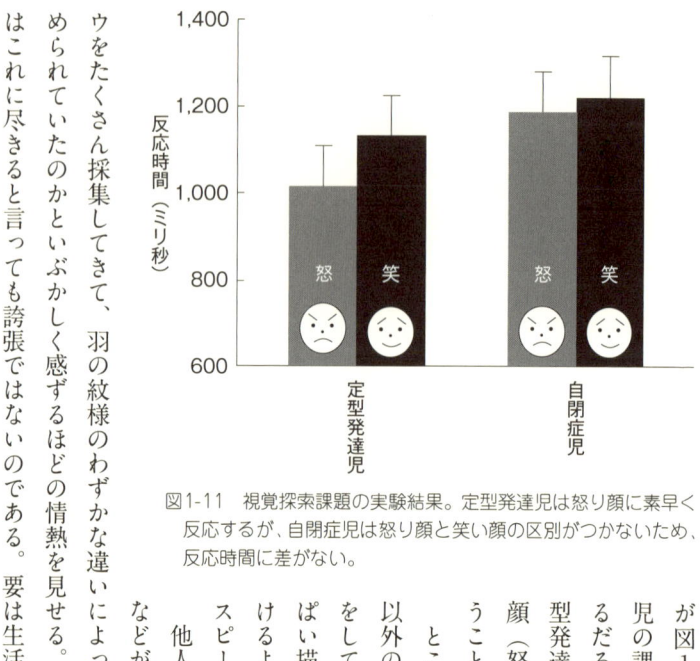

もっとも上述の「ウォーリーを探せ」実験の結果から、自閉症児は顔判断が苦手だと結論するのはあまりに乱暴な議論だと、感ずる人も少なくないかもしれない。現に、あの実験に用いられた刺激は線画にすぎない。実際の私たちの表情のイメージから程遠い。自閉症児は単にあのあいう抽象度の高い線画の認識は、不得意だったからああいう結果になったのではないか等々……。

図1-12　パーツに依存した顔の認識実験に用いられた刺激の例。視覚探索課題（左）に加え、怒りの顔の眉の形を探させた（右）。

そこで追加実験を行なってみることにした。今回の実験では、図1-12にあるような線画を刺激として用いることにした。まず最初に子どもに要求する課題は先ほどと同じである。図1-12の左にあるような十二個の表情を画面に呈示して、一つだけほかと異なるものを出来るだけ早くタッチして答えてもらう。むろん、自閉症児は定型発達児より反応に時間を要する。これだけならば今までと変わらないのだけれど、今回は続きがある。

一回ずつこういう課題を行なってもらった後、三分間の休憩を挟んで図1-12の右のような二つの顔線画を呈示するのである。そして「先ほど、タッチして答えてもらった顔の線画と眉の形が同じなのは、二つのうちどちらかを答えてください」と尋ねるのである。誰がみても、この二つが左の二種類の線画の眉と同一なのは明白であるけれど、図1-12の場合、右と答えるのが正解なのは自明だろう。しかし三分の時間経過を挟んでいる。正解するには記憶力が試される。

果たして先ほどと同じ被験者児童で実験してみると、図1-13の結果が得られたのだった。自閉症児の方が正答率が高い。つまり、先立つ課題の顔刺激の内容を、定型発達の子どもより、よく覚えていたのである。

認識の領域固有性

図1-13の結果は図1-11に示された結果と、整合性を持たないように見えるかもしれない。しかし決して矛盾していないと考えられる。

怒り顔の表情をほかの表情と区別して、それと認めるために求められるのは、眉、目、鼻といったパーツがどういう形で顔の輪郭内に配置されているかを、全体として把握することなのである。ふつうならば人間は顔を見た時、こういう作業を瞬時に行なうらしい。その際、ここの顔パーツがどういう風に布置していたかというような細部の情報は記憶としてとどまることはない。ところが自閉症児はというと、その反対で顔のパーツばかりに注意を払ってしまって、顔全体のパターン認識をしていない。

翻って考えるに、定型発達児の顔認識の方略の方が特別だといえなくもないのである。

あらためて書くが、自閉症スペクトラムというものの実態は、（一）対人関係とりわけコミュニケーションが不得手で、（二）興味・関心の幅が著しく限られていたり、こだわりが激しいという二点を特徴とする（つまり、いわゆるオタク的傾向が顕著な）発達「障害」であるということが判明してきている。このうち（一）の特徴に関すると、多数の人間（NTの人々）とは、まず人間の顔というものに対し非常に特別な感受性が遺伝的に備わって生まれてきた生き物であるといえるのだ。むろんそれは他者とコミュニケーションを円滑かつ密に取ることを目的としている。つまり仲間同士で相互作用を成立させるためという特定領域の機能遂行のために固有の認知システムが進化してきたのだ。だが自閉症者にはそこに欠けるものがある。

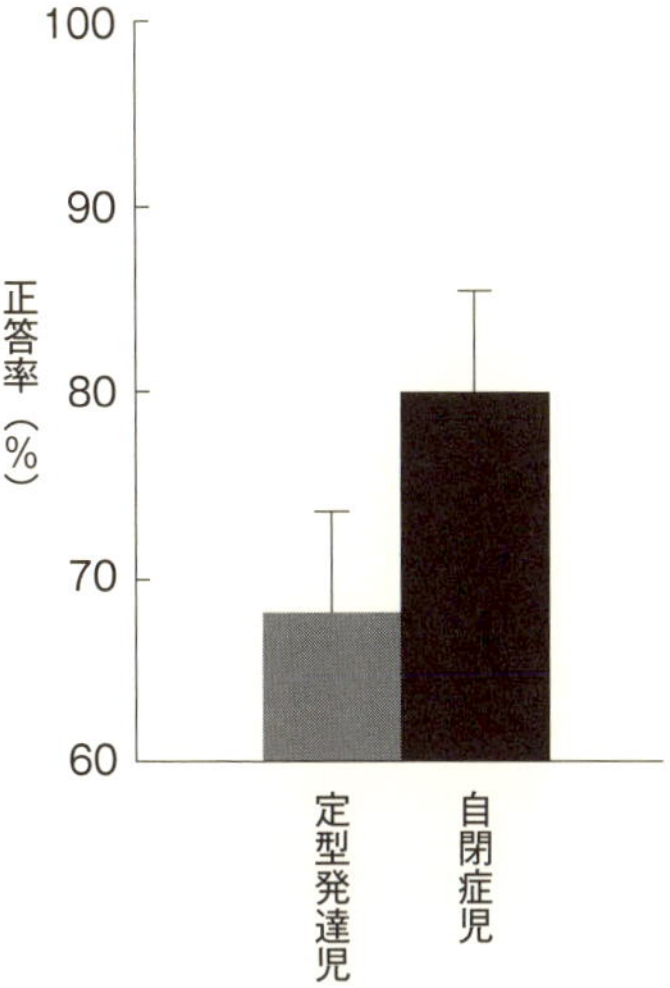

図 1-13　怒りの顔の眉の形を探す実験の結果。自閉症児は、定型発達児に比べ怒りの顔を見つけるのに時間がかかるが、怒り顔と同じ眉の形を探す課題では、圧倒的に正答率は高くなる。

これだけ見ると、なるほど自閉症スペクトラムであるとは障害を持っていることに違いないだろう。しかし他者に選択的に注意や関心が向くということは、ほかの領域への関心を犠牲にして初めて成立することを失念してはならない。具体的に世界の構成要件を人と自然に二分するならば、ＮＴは自然を犠牲にして人に注意を払っている一方、自閉症者は人というものにとらわれることなく自然を認識することができるということなのだ。

そして事実、そういう自然認識が人類全体にとってきわめて重要な意義を持ってきたし、今も持ち続けているであろう。双方のものの見方が互いに相補い合って初めて、われわれは今日あるような社会を形成することが可能であったというのが、ニューロダイバーシティの考え方であり、たとえば洞窟壁画一つをとってみても、その特徴にこうした発想がながち見当はずれでないことの証拠を見ることができるのだと考えられるのだ。次の章以降で、さまざまな発達障害者が障害者ゆえにいかに人類に貢献したかを見ながら、さらに議論を続けたいと思う。

第2章　うわの空のエジソン

トマス・エジソン。一八四七―一九三一年。アメリカ・オハイオ州に生まれる。複写機、蓄音機などを次々と発明し、一八七八年、「エジソン電灯会社」（現在のGEの前身）を設立する。「天才とは九九％の汗と一％のひらめきである」との言葉を残した。

発明王の伝記

前章では、自閉症をニューロダイバーシティの観点からとらえ直してみた。この章では発達障害として問題になっている残り二つのものの一つ、注意欠陥障害について、見ていきたいと思う。

私が小学校へ入学したのは、一九六一年（昭和三六年）のこと、大阪の下町の住吉という所でのことだった。全校生徒がおよそ二六〇〇人というマンモス校で、ベビーブームはかげりを見せ、入学者数は減りつつあったものの、それでも一クラス五〇名で八組まであった。

そのころのことでよく記憶しているのは、クラスのなかに必ずひとりやふたりは、大阪弁で言うところの「けったいな」子が混ざり込んでいたことだ。女子のことはよく覚えていないものの、同性では、だらしなくシャツをたらし、年中ハナをたらして、ボゥーッとしているのが、どの組にもいるのが当たり前だった。一年の時のことだが、体育のあと運動場の隅にある水飲み場で、いきなりおしっこを始めた生徒がいて、大さわぎになったのを今も覚えている。

むろん、科目の成績は良くない。ただ、それでも昔は、誰もたいして目くじらを立てなかった。つけ加えておくと、私のいた小学校の地域は、教育について親が不熱心というわけでは、必ずしもない。むしろ、当時の大阪で随一の高級住宅地とされていた帝塚山も校区に含み、熱心さにおいてはほかにあまり並ぶものがないほどであったと思う。

それでもまだ、塾ということばさえ存在しなかった。正確に書くと、そういうものがちょうどでき始めたところで、塾という名称がなく、大阪では「勉強学校《べんきょうがっこう》」と呼ばれていた。勉強学校へ行くのは、かなり裕福な家の子弟に限られていたから、一般にはおっとりしたものであった。

それに、「けったいな奴」がいつまでも、成績において落ちこぼれているとも限らなかった。入学から数年は、確かに計算も読み書きも不得手なことが多い。ところが、あることを境にして、特定の科目で、異様なほどによくできるようになる場合が珍しくなかった。

件《くだん》の水飲み場でおしっこをしていた男子とは、私は結局のところ、大学まで同じところへ通うことになったのだが、彼は数学だけはおそろしくよくできるようになり、理学部の数学科へ入学した。

小学校一年の時のことで、もう一つよく覚えているのは、国語の授業のことである。各人が家で本を読んできて、その内容を前へ出て、みんなに話してきかせるという時間があった。それを始めるにあたり、担任の先生がまず見本を示してくれた。

入学してまだ間もないころのことで、話してくれたのが、トマス・エジソンの伝記だったのだ。そのころエジソンというと、「発明王」という名称が頭についている、偉人の代名詞だった。今から振り返って、あのころはずいぶん、いろんな人の伝記を読まされたり、話してきかされたりしたものだと思う。中でもエジソンと野口英世が双璧だった。

そのころ三六歳だった独身の女性の先生は、実際の本を見せながら話をしてくれた。なにしろ私はそれまで、伝記なんてものが世の中にあることすら知らなかったのだから、印象は鮮烈だった。先生の方も心得たもので、「デンキといっても、電気とちがうよー」とダジャレを飛ばしていたのは、さすが大阪である。

図2-1　エジソンの伝記のひとつ

三ヶ月だけの小学校生活

もっとも、伝記といっても絵本仕立てのものだった。たまたま近年、東京の本郷の古本屋で、多分その時に先生が教えてくれたのと同じものを発見した。図2-1がその表紙である。昭和三二年五月に刊行されているので、おそらくまちがっていないのではないかと思っている。

もちろん、筋書きはお定まりの内容にほかならない。ただ今度、手にとってわかったことは、絵本の分を担当している沢田謙という人が表紙の扉のうら側に、「エジソンについて」という一文も寄せていることである。そこで、以下のように書いているのだ。


「エジソンがこんな偉大な功績を成し遂げた原因の第一は、一つの目標をたてると、あくまでへこたれず、がんばり通し、一つの実験に失敗しても、いままでのやり方ではいけないという偉大な発見をしたといって、勇んで次の実験にとりかかったことであります。

第二は、天才の一パーセントだけが霊感で、あとの九九パーセントは汗だといって、努力を重ね、働きに働き通したことであります。

第三は、死ぬほど苦労しながらも、ちっともくよくよせず、つみのないじょうだんをいって、愉快に、明るい心を持ち続けたことであります。

もし、日本の子供たちが、エジソンのようにほがらかに、エジソンのようにへこたれず、エジソンのように努力したら、日本はきっと、りっぱな国になると信じます。」


これとほぼ同じ内容のことを、先生が話を聞かせたあとで私たちに語ったのを、よく覚えている。一九六〇年代の初頭というのは、日本がようやく戦争の傷跡から回復し、これから高度成長に突入しようとする時期であった。努力して明るくがんばろう、そうすればバラ色の将来が見えてくるという気概を子どもに持たせることが、教育の使命とされていたのだろう。

ただ私個人として、エジソンの話があれから四〇年以上の年月が経つにもかかわらず、未だに脳裏にへばりついているのは、このエピソードだけが原因ではない。彼が小学校へ、ごくわずかの間しか行かなかったという事実に、子どもながらたいへん引っかかったことが、大きく関係している。

せっかくだから、少し原文を引用してみよう。印字されているままに再録すると、話は以下のように始まる。

「エジソンは　いまから百
ねんほど　まえ、アメリカで
ざいもくやさんの　うちに
うまれました。おとうさんは、
「どうだ、よい　こだろう。」
と　じまんして　あるくほど
で、みんなに　かわいがられ

て　そだちました。」

（沢田謙『エジソン』〈一九五一年、講談社〉）

次ページは、

「エジソンは　ちいさい　ときから

「なぜ　そう　するの。」

と、いろいろの　ことを　うるさいほど　たずねるので、うちの　ひとたちは、「なぜやさん」と　いう　あだなをつけました。」

（前掲書）

次いで、有名なエピソードが登場する。

「ある　ひ　エジソンが　にわの　すみに　じっと　しゃがんで　います。

「なにを　して　いるんだね。」
と、おとうさんが　たずねると、
「ぼく、たまごを　ひよこに　して　いるの。」
と、こたえました。にわとりが　たまごを
あたためて　ひよこに　するのを　みて、じ
ぶんも　がちょうの　たまごを　あたためて
いたのです。」

そしてエジソンは、学校へ通う年数となる。
「がっこうに　あがった
エジソンは、せんせいに
へんな　ことばかり　きい
て　こまらせるので、がっ
こうを　やめさせられまし
た。そこで　おかあさんが
せんせいに　なって　エジ

（前掲書）

ソンを　おしえました。おかあさんは　まえに　がっこうの　せんせいを　したことが　あるので、おしえる　ことが　とても　じょうずです。エジソンの　べんきょうは　ぐんぐん　すすみました。」

（前掲書）

「捏造」された生涯

改めてほかの伝記などにあたってみると、エジソンは入学してから、わずか三ヶ月しか学校に行かなかった、とある。それからのちは、母親に読み書きを、習い、自宅で独習に専念した。そのことが、当時の私の興味をたいへんひいたのだった。

それというのも、先生はエジソンを例えにしつつ、生徒に努力して勉強しなさい、そして偉い人になりなさいと訓示をたれる。勉強するということはすなわち、学校へ来て、授業をよく聞いて、教えを守ることにほかならない。けれども、その先生が第一の見本として挙げたエジソンはというと、学校へ行かなかった。しかも、どうして行かなかったかというと、どうやら授業のじゃまばかりするので、辞めさせられたというではないか。

それで偉人になるというのなら、私たちだって先生の言うことなんて、聞く必要はないし、そもそも学校へ通わなくて、家で好き勝手していたって、偉い人になれるのではないかというのが、その時の私の抱いた感想だった。しかも率直に、この疑問を担任の先生に尋ねてみた。

それに対する先生の答えも、よく覚えている。エジソンのおかあさんは、元学校の先生だったのだと本に書いてある。だから、学校へ行かなくとも家で授業を受けられた。しかし私たちは違う、家にいると、学校のようには教科を習うことができなくなる。だから毎日登校しなくてはならないのだ、というような内容であった。

ふーん、そんなものなのか。エジソンは例外的に家庭の事情に恵まれていたんだなあと感じたけれど、決して得心はしなかった。何か釈然としないまま、かといってそれ以上尋ねる勇気もなく、心におりのように疑問が残ったのだろう。それゆえ、今も、これが小学一年の時の記憶として残っているのだと思う。

そうして四〇年余りの歳月が過ぎてしまった。たまたまほかの用で、図書館の本を探しているさなか、大人向けのエジソンの生涯を記した訳書が目にとまった。そこで思わず、手にとってページを繰ったという次第である。

むろん、四〇年少し前に気になっていたことを調べるためだ。そして、まず第一に「発見」したこと――エジソンの母親は、教師の経験など皆無なのである！

念のため、類書をあたってみたが、やはりそういう記載はまったくない。そもそも母親のナンシーは、一七歳で結婚している。社会人としての経験を積むいとまなど、結婚前にはなかったに等しい。結婚してからは、一〇年の間に四人の子どもを産む。いずれも健康に育っている。家庭は、開拓民としての生活をオクラホマで送っていた。そして五人目の子どもとして生まれたのが、トマス・エジソンなのだ。

もし教師歴がなかったとしたら、前述の絵本の作者はなぜ、そんなことを書いたのだろうか？誤解があったのか、作為があったのか。

私は何となく、確信犯であるような気がしてならない。高度成長期の日本で子ども向けに作られた本の筋書きとして、学校へ行かなくったって偉くなれるというのは、たいへん具合の悪いことだったに違いない。現に、私が感じたような質問が出てくる。

それに対応するための、学校へエジソンが行かなくてもよかったことを正当化する口実を求めようとしたのではないか。あげくのはてに、史実にはないキャリアをでっち上げる羽目になったという推測が成り立つのである。

注意欠陥障害

史実に即すると、エジソンは小学校入学当時、典型的な「落ちこぼれ」生徒だった。だから、みんなについていけず、三ヶ月でドロップアウトしたのである。

端的に授業時間中も、ボゥーッとしている。先生が話をしても、うわの空の様子である。自分ひとりで、空想にふけっているようである。当てられても、答えを返すことはおろか、返事もまともにできない。むろん読み書きや、簡単な計算もままならなかったことは、疑う余地がない。

私が小学校で出会った、「けったいな」同級生とほとんど同じ様相を呈していたと思われる。ただ私の小学校とエジソンの入学した学校で違ったのは、先生の態度であった。エジソンの担任は、非常に厳格で許容度の低い人物だったらしい。「けったいな」子だけれど、まあいいんじゃないかとは感じられなかった。

国語の時間に、私たちがひとりずつ、読んできた本の内容をクラスの前で語ってきかせた時、「けったいな」子はどうしていたのだろう。今振り返っても、よくわからない。とても彼が話をしたとは思えない。先生は、とりあえずパスしたのではないかと想像される。それで誰も、奇異と思わなかった。

翻ってエジソンの通った学校では、生徒みんなが一定のレベルの学業をこなすことが必須とされた。落ちこぼれがいると、クラス担任の力量のなさのせいにされかねない雰囲気が濃かっ

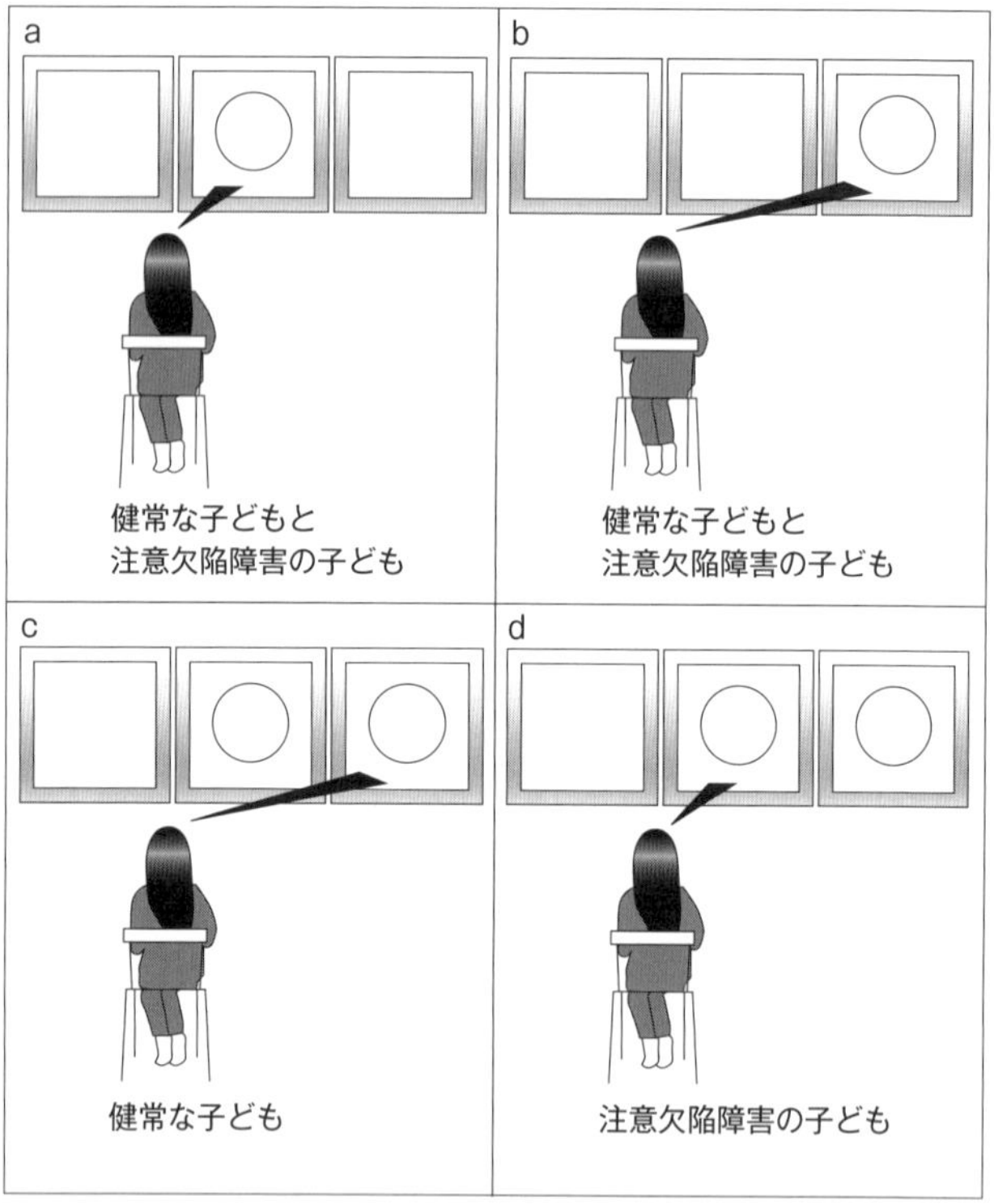

図2-2　注意欠陥障害の子どもと健常な子どもを対象に、画面に呈示される円を見るときの反応を観察してみる。最初にまず、真ん中の画面に円が明滅する。子どもはそこに視線をやる (a)。次に真ん中の円が消え、右か左の画面に円が出る。すると健常な子どもも注意欠陥障害の子どもも、そちらに目をやる (b)。そこで真ん中の画面に円が出たまま、新たにもう1つの画面にも円が明滅する。すると健常な子どもは、目を新たに明滅しはじめた画面に移す (c) が、注意欠陥障害の子どもでは、視線を最初の刺激の方向へ向けたままで、新たに加った方に向けようとしない (d)。

た。おのずと一定のレベルに達しないエジソンは、学校へ行くことそのものをあきらめざるを得なくなっていった。

ボゥーッとしている子というのは、いったん自分の関心をひくことに出会うと、今度は掌《てのひら》を返したようにそのことに熱中し、執着する。私のクラスの「けったいな」友だちの場合、それはむずかしい算数、数学の問題を解くことであった。エジソンの場合は、機械の発明であった。

ここから、「発明王」が萌芽しはじめる。だから、ボゥーッとしていることはとても大切な資質なのである。

最近、心理学や神経科学で用いられている専門用語で表記すると、エジソンの示していた徴候は「注意欠陥障害」のお手本のようなケースにほかならない。ごくありきたりの多数の人間と、注意の払い方が異なるのだ。注意の配分が違っていると言ってもいいだろう。

注意欠陥というと、注意が散漫であるかのように受けとられがちであるけれども、ボゥーッとしている子どもが、注意を一ヶ所に集中できないからボゥーッとしているととらえると、たいへんな誤解を犯すことになることが多い。むしろまったく反対のことが多い。

逆に、注意を次から次へと、違った対象へ移動させていくことが困難なのである。一ヶ所に注意が釘づけになったままでいる。釘づけになっているからこそ、ボゥーッとしている風に映るのだ。

人並みはずれた集中力

注意欠陥障害が、注意の適切な移動の障害であることは実験的に検証が可能である。たとえば、子どもの前にテレビモニターを据え、テレビ画面上に図2-2のように円を呈示してみる。円は画面の真ん中に出るようにする。また、ずっと映りつづけるのではなく、一秒間隔で、消えたり出たりをくり返す。

子どもには画面に出る図形に注目するようにと、単純な指示を与えておく。当然、子どもは円に注目し続ける。アイ・カメラがあれば装着してやると、凝視点が円のあたりに固定していることがわかるはずである。

しばらく、この状態を保つ。それからやにわに、円が出る位置を変化させる。それまで真ん中だったのが、突然、ある時から右の方へ移り、しかも今までどおりに一秒間隔で明滅する。するど、どういうことが起きるだろうか。

ふつう、たいていの子どもなら図形の移動に応じて、ただちに視線を、新たに明滅している画面へと移動させることだろう。ところが、図2-2のc、dのように、それまで明滅していた画面に加えて、新たに別の画面でも同じような刺激を呈示してみる。すると、不思議な反応を示す子どもが出てくる。通常なら新たな画面の方へと視線を移すのだが、それをまったくしない子どもがいるのだ。実は、別の方向へと眼をやろうにも、できないのである。これが、注意欠陥障害の代表的な反応とされている。

どうしてそんなことが起きるかというと、注意をある所から別の所へと移動させるには、はじめに向けていた方向にあった注意を、とりあえず解放してやることが不可欠であることが明らかになってきた。当たり前のことであるが、人間は複数の方向へ同時に注意を払うことはできにくい。どこか一箇所へ向くから、そもそも注意と呼ばれるのだろう。

その方向を変換させるには、まずそれまで向けていたものを、対象から切り離す作業をしなくてはならない。それが、できないのだ。だからいったんある方向へ向くと、そこに吸いつけられたようになったままになる。これが、ボゥーッとしていることの本質である。

つまり、漫然とぼんやりしているわけでない。ある対象に魅惑されたようになったまま、そこから我に返ることができなくなっているのである。学校へ入ってまずマスターしなくてはならないのは、板書し、めまぐるしく歩き、話をする先生をフォローすることに、疑問の余地はほとんどないだろう。そのためには私たちは、電灯のスイッチをめまぐるしくオン・オフするように、注意の解放・移動を求められるが、それができないのだ。

だから、注意散漫であるというのは、まったくの見当はずれということになる。それどころか、いったん注意が向くと、人並みはずれてそこへ集中してしまうのだ。集中してしまわざるを得ない。これは、たいへん不便であり、確かに障害には違いない。けれど考えようによっては、人並みはずれた集中力を発揮する素地を提供することにもつながる。

そしてエジソンを「発明王」にまで仕立てあげた原動力として、この力を無視することは、とうてい不可能であるように私は思えてならない。先の絵本の作者が書いたように、「一つの目標をたてると、あくまでへこたれず、がんばり通し」、「働きに働き通し」、それでいて「ちっともくよくよせず」にいたのは、彼が背負っていた注意欠陥障害の光の部分なのである。

周知の通り、エジソンの最大の発明の一つは電球を作ったこととされている。その時、いちばん腐心したのがフィラメントの材質であったことも、よく知られている。適当な材料を求めて、彼はありとあらゆるものを試した。その執着心は、障害の裏返しだった。

言い換えるならば、障害を負っていたことは、必ずしも生活していく上でハンディキャップとして作用するとは限らない。逆に、強み（strength）として働くこともある。考えようでは、障害というより、一種の天性であるともみなせるのだ。

先取権争いでの勝利

実のところ、天賦の才能としての障害ぬきに、エジソンはあれだけのバイタリティを発揮して、偉人に列せられることは決してなかっただろう。日本ではあまり知られていないことであるが、そもそも電球を世界で最初に発明したのがエジソンであるかどうかも、本当はかなり疑わしいのである。

エジソンが電球を完成させたのは、一八七九年とされている。しかし当時、ガス灯にとって代わる電気製品の開発は、彼が単独で行なっていたわけではない。それどころか、北アメリカ・ヨーロッパを巻き込んでの激烈な競争がくりひろげられていた。

そこで先鞭をつけたのは、必ずしもエジソンではない。むしろイギリスのジョセフ・スワンという、エジソンより二〇歳も年長の人物が第一人者で、一八六〇年には、釣り鐘型の壺《つぼ》を逆さにして、その中に一次電池で熱した炭素アークを入れるという、その後の定型となるモデルを考案していた。一八七七年には、白熱灯の完成を目指して、電球内を真空にする実験に着手している。

二年後の一八七九年の二月にはニューカッスルで講演して、炭素フィラメントを使用した電球の実演にまでこぎつけている。一方、エジソンがフィラメントに炭素処理を施すことに着手するのは、一八七八年のことであり、成功したと公表するのは一八七九年の一〇月である。明らかに八ヶ月の遅れをとっている。

ただ、社会的アピールの仕方においては、後手をとっていたエジソンの方がすぐれていた。彼は、イギリスですでに同じような試みが行なわれ、しかも向こうの方が技術的に先鞭をつけたことなど、おくびにも出さなかった。「自分たちがパイオニアである」と言い切ったし、事実、心からそう信じていたふしがある。

この先取権争いの問題は、当時すでに、アメリカ・ヨーロッパを巻きこんで少なからぬセンセーションを引き起こしたらしい。フランスで出版されている雑誌『ラ・リュミエル・エレクトック』が一八八〇年の一二月号ですでに、両者のどちらが先だったかという記事を大々的に掲載した。それによると、ヨーロッパではかなり激しくエジソンは批判されていたことがうかがえる。だが彼は、みじんも動じなかった。自分が一番という確信が、揺らぐことはなかった。

そのせいか雑誌の記事の結論も、「スワンの方がエジソンより早く電球を発明したかもしれないものの、スワンの電球の方がエジソンの電球より性能において特に優れているという点もない」と、かなりエジソンびいきである。

注意欠陥が生む執念

一八八〇年の九月には、スワンはエジソンに対して直接、手紙を書いている。そのなかで、電球の発明に取り組みだしたのはエジソンより自分の方が先と書き、以下のように続けている。

「特にフィラメントの炭素処理については、私の方があなたより先行してきたと思っています。（中略）炭素処理を施した原紙についても、何年も前から実験をくり返してきました。（中略）その証拠をお見せするのはたやすいことです。」

（ボールドウィン、椿正晴訳『エジソン』一六八頁〈一九九七年、三田出版会〉）

しかしながらスワンは、この手紙を書いたものの、ついに投函しなかった。書いたことすら、生前は誰にも漏らさなかった。実は、文書は彼の死後、書斎で発見されたのだった。伝わるところによると、スワンは教養のある謙虚な性格の人物であったらしい。社交界でも評判が良く、尊敬を集めていたという。先取権を争うというようなことに巻きこまれることを敢えて避けたと思われる。

他方エジソンはというと、ある所で発明者として成功するには、研究が早いばかりでなくはったりが利いて、かつ忍耐力と資金力が不可欠と明言している。そして、まさにそれをもって実践していたのに対し、スワンにはいずれの要素も欠落していた。

そうこうするうちに、エジソンの電灯会社は顧問弁護士を介し、イギリスにおいて、スワンの発明した白熱電球はエジソンの獲得した特許の侵害にあたると通告し、法廷闘争を挑もうとする。これに対しても、スワンは争うことを好まず、身をひく態度を示したのだった。

結果として、エジソンの製品は欧米の市場を席巻し、他社の商品は完璧に排除される事態が作られていった。実のところ当時は、電球の発明は相互に無関係に、ほぼ同時多発的になされてきたのだが、にもかかわらずエジソンが制圧してしまう。あげくのはてに電球の発明といえばエジソンという、一種の神話が残ったといえるだろう。

誤解のないように付け加えておくと、私はこういうエピソードをほじくり返すことで、エジソンの発明にケチをつけようと企んでいるわけではさらさらない。ただ、彼が世間に伝えられているように、研究一筋の人ではなかったことは言っておきたいと思っている。また本当に研究一筋の人物であったならば、「研究一筋の人」として後世に記憶されることはなかったということは、強調したいと思っている。

むしろ本当に「研究一筋」という点について言うならば、今や誰もその名を知らないスワンの方が、はるかに研究一筋であったことは疑い得ない。彼は電球を作るという知的好奇心以外の執着を、ほとんど持たなかった。これに対しエジソンは、あらゆることに執着した。研究に情熱を注ぐのはもちろんのこと、社会的名声にも特許権にも金銭にも、すべてに等しく激しく執着した。それゆえにこそ、彼の名は残り、スワンの名は消え去ったのである。

発電事業の失敗

人並みはずれた執着心は、エジソンを必ずしも常に成功へと導いたわけでもなかった事実にも注目しておく必要があるだろう。その典型例が、発電をめぐる失敗である。

高名になるにつれ、エジソンの周囲には優秀な若いエンジニアが多数、働き口を求めて集まってくるようになっていった。そのなかにニコラ・テスラがいる。最近話題の高級アメリカ製電気自動車の「テスラ」の語源となった人物だ。

テスラはクロワチア生まれのセルビア人で、オーストリアのグラーツにある工学系の専門学校で電機関連の機械に関心を持つようになり、エジソンのもとへやってきた人物である。とりわけ、発電機に強い興味を抱いていた。そのころの発電機というのは、ずいぶんお粗末なものであったらしい。そもそも遠くまで電力を送ることが、根本的にまだ不可能であった。

むろんエジソンも開発競争に参画していた。しかし、なかなか上手《うま》くいかなかった。そのころの発電は直流方式が常識となっていたが、そうするとボルト数をどうしても低く設定しておかねばならなくなる。電圧をある程度以上に高くしてやると、発電機のブラシと整流器の間で危険なスパークが発生する可能性が高くなる。それゆえどうしても、遠くへ送電できなくなる。

これにコペルニクス的転回を与えたのが、テスラだった。彼は交流式の発電機を思いついたのである。彼は、電機子の回転に応じて電流の流れる方向が交互に変わる、彼自身多相電流と呼んだ方式を考え出したのである。これだと、エジソンの直流方式ではせいぜい街の中の数ブロック先までの送電しかできないのに対し、数百キロ先まで供給することができる。

テスラは自分の発明に狂喜して、エジソンに進言した。ところがエジソンは、頑としてテスラの発明の価値を認めようとしないのだった。交流は危険だといって譲らないのである。

はてしない押し問答の末、テスラは失意のうちにエジソンの会社を辞めることになる。だが、まちがっていたのがエジソンであることは、まもなく明らかとなった。テスラに注目した鉄道経営者が、彼を破格の好待遇で顧問に迎え入れ、全米規模の電力供給事業に乗り出したのである。まさに狙い通りの成功を収めるのに、さほどの年月は要しなかった。エジソンは電力供給事業については、業界を圧倒的に支配する機会を、自分の手でつぶしてしまったことになる。しかしそののちも、彼は自らの説をなかなか曲げようとはしなかった。テスラが辞めたのちも、交流発電の危険性を執拗にくり返した。

彼は、同じ電流であっても交流は危険で、直流の方がはるかに安全だというキャンペーンを実行した。それを公にするために、研究所内で公開実験まで行なった。動物を感電死させてみせるという内容のものである。はじめはイヌ、ついでウシやらウマまでが犠牲となった。それは、試みが残酷で無意味であるという批判の声が大きくなるまで続けられた。

非難が増して、中止せざるを得なくなってのちも、心の底では直流の方がよいと信じていた節がある。その根底にあるエジソンの執念・情熱・ひたむきさ・思い込みの強さは、見事なほどに一貫しているのである。

それが発明に向いて上手くいくと、他人にはとうてい真似のできない画期的な物を作り出す。事業に向けられると、時としてはライバルとの熾烈《しれつ》な競争に勝ち残り、社会的な成功と名声をもたらす。けれども時には、テスラを辞めるよう仕向けたように、みすみすチャンスをのがすばかりか、ほとんど喜劇的な結果を迎えることもあったことを失念してはならないだろう。

そして、この一貫性を背後で支えているのは、彼の持っていた障害から由来する、いったんある目標にとりつくや、そこから目移りすることのない（あるいは目移りしようにも、そうできない）注意の持続にほかならない、と考えられる。

つまり、エジソンは子どものころから注意能力に障害を持っていた。それを克服して「発明王」となったのではなく、まさに障害を持っていたからこそ、「発明王」となったのだ。障害というと、ややもすると当人にとって一方的に不利益に作用するものと、とらえがちである。だが時として、それは通常にはない長所として、力を発揮する。歴史に残る「偉人」とは、凡人にはない資質に恵まれていることが珍しくない。機能の著しい亢進といえよう。

生物学的に見て、機能亢進はそれだけが独立して生じることは稀であって、ほかの側面の損傷の代償である方が通常である。それはヒトの心の場合も例外ではないことを、エジソンの人生は物語っていると考える方が、はるかに自然である。

変貌する伝記

ところが従来の歴史家や教育関係者は、こういう関係の存在に思いも至らなかった。結果として、エジソンの偉大さを学校で子どもに伝えるにあたって、彼が学校にほとんど通わなかったことをどう説明するかに腐心した。そこで私が小学校の時分には、母親が教師経験を有していることにして、「難局を切り抜ける」ことを思いついたようだ。実際は、学校の授業にまともについていけないほどボゥーッとしている天性の資質を備えていたからこそ、彼は発明王として後世に名の残る人物となったことなど、夢にも想像できなかった。

そして状況は、今も何ひとつ変わっていない。ただ、「難局を切り抜ける」口実は変わりつつある。一九八〇年代に朝日新聞社から刊行された子ども向けの、『科学者・探検家一二〇人物語』という書物では、エジソンは「子どものころは、知りたがり屋で元気のよいわんぱく少年だった。学校の勉強が嫌いで、三ヶ月しか通わず、元教師だった母にいろいろ教わった」とある。おおよそ、私が幼いころ教わった通りである。だが、このあと少し内容が変わってくる。

一九九〇年に出た伝記（ブロンズ社）では、母親が学校を辞めさせたことを説明したのち、「けっきょくエジソンが少年時代の学校は、教会でやっていた日曜学校が、だんだん形を整えていったものにすぎなかったのだ。（中略）学校をやめることはわたしたちが想像するほど「重大な問題」や「すごい」ことでなかったのだ」と書く。現実にはエジソンの入った学校は、当時のアメリカでは珍しい、今日に匹敵するカリキュラムの整った学校であったのを、ほかとすり替えて「難局を切り抜け」ようとしている。

そして今世紀に出た『世界の歴史人物事典』（二〇〇二年、集英社）となると、「エディソンはオハイオ州の製材所をいとなむ家に生まれました。家が貧しかったため、学校で勉強できたのは、わずか三ヶ月でした」と記す始末である。こうなると、れっきとした史実の歪曲である。いやしくも事典と称するものが、こんないいかげんなことを書いて許されるのだろうか、と思ってしまう。

面白くなって、いろいろエジソンの伝記を読み比べていくうちに、ようやくいちばん実体に近い風に書いてあるものに行き当たった。以下に、引用しておく。

「アル（注・エジソンのこと）が学校へ行ったのは、ほんの短いあいだでたいへん苦しいことでした。

小さな小学校を夫妻で開いていたエングルとその奥さんに、アルは習いに行きました。そこでアルはいつも「クラスのビリ」で、みじめな三か月をすごしました。

先生は、アルより小さい子どもも、十八歳から上の大きな男の子や女の子まで、一つのやかましいへやにつめこんでいました。

エングル夫妻は、アルにまったくがまんできませんでした。アルは石板に絵をかいていても、心は遠いところにあるように思われました。

先生はエジソンのかくれた才能に気がつかないで、いらいらするのでした。そして泣いているエジソンに先生は「学校をやめて家に帰りなさい。」といいました。

エジソンはしょんぼりして家に帰りました。

「先生は、ぼくはだめな子だから学校をやめるようにというのです。」

アルはおかあさんのナンシーにいいました。

「だめな子だって！　何をいうのです。」

おかあさんはとてもおこりました。

いそいでアルの手をひいて、ナンシーは学校へ行きました。

「この子をだめな子だと、よくもいいましたね。あなた方よりかしこいのですよ。」

世間のやかましやのおかあさんたちは、子どものこととなると、だれにも、がみがみいいます。しかし、ナンシーのいうのは、それとはちがって、正しい主張でした。

ナンシーのいったことは、この村ではわかりませんでしたが、のちにエジソンが移っていったところでは、はっきりかれの才能があらわれてきました。」

これは、一九五八年にアメリカで出された子ども向け伝記の翻訳物である。著者はスターリング・ノースという人物で、むしろ『ラスカル』というアライグマを主人公とした物語の作者として日本では有名だ。

ノースが書くように、学校の教師はエジソンの「かくれた才能」に気がつかなかったのである。だから学校へ行かないというのは、正しい選択だった。それを今さら隠蔽することは、大した意味がないだろう。

しかも、これは例外的にエジソンの身にふりかかったことではない。障害と才能が表裏一体をなしていて、かつ周囲が悪い面ばかりに目を向けるエピソードは世の中に決して少なくないのである。

第3章　無筆の勝負師　坂田三吉

坂田三吉。一八七〇―一九四六年。大阪府堺市生まれ。終生、読み書きができないまま独学で将棋を習得、一時は日本で無敵となった。没後に、名人と王将の称号を贈られる。

王将の世界

自閉症、注意欠如多動症と来れば、次は当然、学習障害について書かねばならないだろう。

私は昭和二九年、大阪市の南部、住吉区の生まれである。住吉区には中央を南北に走る丘陵地の上に位置する、いわゆる山の手の地域、具体的には帝塚山と呼ばれる一帯と、その丘陵地の西部の海岸部に広がる、いわゆる下町の両方が含まれているが私は後者で生まれ育った。非常に歴史が古いとされている住吉大社の門前の、粉浜（こはま）という街で、近所には芸人が多く暮らしていて、浄瑠璃の三味線の音が日常的にどこからか聞こえてくるような環境だった。

男の子は、物心ついたころには将棋を指して遊ぶのが当然のような所だったと記憶している。

家には、ごく当たり前に将棋盤と駒があった。三歳になると、まず挟み将棋。それから「本将棋」へ移っていく。本将棋が、いわゆる社会一般でいう将棋であることは言うまでもない。

小学校でも三、四年生の男子の間では、コマ回しやメンコ（関西では、べったんと呼ばれていた）と同じようにはやっていて、学校へ持参して休み時間にそれで遊ぶことも許されていた。将棋を指す際、初手（第一手）に端歩を突くことが子どもの間では往々にあったのだが、その時には「坂田三吉、端歩をついた」と言いながら、歩を進めるのがふつうだった。家で親などと将棋をする時に教わったのだろう。「昔、大阪には坂田三吉という、ものごっつい強い将棋指しがおって、ある大事な対局で、その戦法を使った」とくり返し聞かされていたと思う。そういうわけで、少なくとも私たち世代にとっては、彼は子ども時代からのヒーローである。今はどうなのだろうか？

小学校二年のころに、村田英雄が歌う「王将」という演歌が大ヒットしたことも、大きかった。

吹けば飛ぶような将棋の駒に
かけた命をわらわば笑え

と始まる歌をくちずさまなかった男の子の方が珍しかったかもしれない。そのはるか前に（第二次世界大戦後間もなく）すでに、同名のタイトルで映画も製作され、ヒットし、「王将といえば坂田」というイメージが確立していた。今も古典的名作として知られているものの、実際に見た人はもうあまりいないだろう。当時は、王将といえばすなわち坂田三吉だったけれど、今ではネットで検索しても、餃子の店しか出てこない有様である。

もう坂田三吉は社会的に知名度のない人物になってしまったのかもしれない。そうだとすれば、大阪生まれの年寄りには、本当に悲しい話である。

独学の人

坂田は明治三年、現在の大阪府堺市の生まれである。家は貧しく、当時はまだ今日のようなプロのための将棋界というものが存在しない中、賭け将棋で生計を立てるべく、独学で将棋の技を習得して、やがて大阪では無敵の地位につく。やがて新聞社が主催するプロ棋士の世界が出来上がっていくが、そこに溶け込むことができないまま一生、孤高を貫いた。大正一四年には公認の一三世名人がいるにもかかわらず、自ら名人を名乗ったりして物議を醸すことになる。弟子を取ることもほとんどなく、付き合い下手であったという。棋界のオーソドクシーと隔絶したところで、在野の勝負師として一生を全うし、昭和二一年七六歳で没している。

だが、少なくとも私は生まれ育ったころまでの大阪の人々は、こういう坂田の生き方が大好きであったと思う。中央に対する反骨と、アクの強さが相まって、一見奇矯と見える行為にも拍手を送った。

今振り返っても、将棋はあのころの大阪の、しかも男の子の気風にあった勝負事であったとシミジミ思う。ここ二十年余り、私は東海地方で暮らしているが、少なくとも近年まで、子どもが将棋を指すのなど、見る機会が絶無であった。最近でこそ、藤井聡太七段が愛知県出身ということで、やにわにブームになっているが、それでも私たちが子どものころの大阪の学校の雰囲気はどこにもない。そもそも取り組む姿勢が、ゲームの一種として将棋を指すという感じであるのが、全然違う。私たちは、勝負というものを将棋から学んだという気がする。

それゆえ、関西でも女子は将棋にまったくと言っていいほど関心を示さなかった（今はどうなのだろう）。関西にとどまらず、全国的に見ても今日なお将棋の世界は、基本的に男の世界であると言っても決して誇張ではないと私は思う。そもそも日本将棋連盟の認定するプロの将棋棋士に未だかつて女性棋士は、出ていないのだから。これは囲碁の世界と比べれば、大きな違いである。囲碁ではとっくの昔、私が子どものころにすでに、本因坊にまで上り詰めた木谷実の娘であった礼子棋士などが活躍を始めていた。ところが将棋では、プロになるための奨励会の三段リーグを勝ち抜いて四段に昇進を果たし、晴れてプロ入りできた女性は未だ出てきていない。トライしても皆が、勝ち抜けずに奨励会を去っているのだ。女流プロという、女性のみの将棋世界に甘んじざるを得ない状況が、続いている。

この将棋と囲碁の差異は、双方の「勝負の付け方」に求められる資質の差異を反映しているのだろうというのが私の推測である。

どちらが優勢に駒を進めているとかは、最終的にはどうでもよい。むろん、序盤から中盤を優勢に戦った方が、勝ちに結びつく可能性が高いことは言うまでもない。しかし、どんなに相手陣に攻め込んでいようと、どれだけ持ち駒を豊富に獲得していようと、将棋では自分の王が詰められたらそれで負けになる。現に、毎週テレビで日曜日に放送されているＮＨＫ杯を争う対局を見ていても、年に数回は圧倒的に有利の戦いを進めていた側の王が、最後に頓死するプロ同士の対局を、数回は見る。

巷間伝えられている「桶狭間の合戦の織田信長」を想像すればいいだろう。今川方が圧倒的な戦力で領土内に侵略してきたにもかかわらず、奇襲で大将の首を取った。取りさえすれば勝負は決着するのが将棋なのだ。王をまきこんだ局地戦にさえ勝てばいいのである。最後は、いわば詰将棋の技量を競うことになる。そして詰将棋を解くのは、大局を見通すこととは無縁である。そこが囲碁の勝負と根本的に異なるところだろう。囲碁は、どれだけ地を取るかを競うゲームなのであるから。囲碁に即して考えるなら、「桶狭間の戦い」の勝者は今川義元ということになるかもしれない。相手の石を殺して、それを上げることもむろん勝負にプラスに働くけれども、争えばいいというものではない。どちらが勝ったのか、終局しても実際に地を数えないと判別できない場合すら珍しくない。

つまり将棋の方が少なくとも囲碁よりは、指す者の攻撃性が如実に反映される競技であるといえるだろう。そして男性しかプロの将棋棋士としてやっていけないという現実は、攻撃性の発現をめぐる男女の生物学的差異と、深く関係しているのだろうと私は推測する。囲碁では「一目差」とか「五目差」の勝ちや負けという具合に、同じように対局に勝敗がついたとしても、その勝負の決し方に、グレードみたいなものがつく。他方、将棋にはそれがない。勝つか負けるかの二者択一である。そういう特徴も、男性の生物学的資質に合うのだろう。また少なくとも私が育ったころまでの大阪の風土に適合した娯楽であったと、いま振り返って思うのだ。

坂田三吉はそういう街の、いわばチャンピオン的存在であった。くり返し書くが彼は、将棋を誰か師匠について学んだ経歴を持たない。それどころか学歴もほとんど皆無だった。小学校に半年通っただけで、辞めている。経済的に貧しい家庭に育った。八人きょうだいの三番目として生まれ、唯一の男の子であった。また字が読めなかったし、それゆえ書けなかった。アラビア数字も読めなかったらしい。

そういう人間が我流で将棋の腕を磨き、しかも我流ゆえに独創的な指し手で勝ちを重ねていく様は、大阪人のもっとも好む人間像であった。反骨精神にあふれ、東京中心の正統派の将棋界にむき出しの敵愾心を表すのに、拍手喝采した。

詰将棋というのは、奥が深い。未だに新しい棋譜が考案されているという事実は、過去に誰も経験しなかった盤面というものが、無数に潜在していることを示唆している。将棋にせよ囲碁にせよ、指し方を学ぶ際にはまず過去の定石を覚えるのがふつうは基本である。だが坂田は、そういうことを無視したという。他人の対局歴を、まったく参考にすることがなかった。そもそも将棋の駒に描かれた文字すら、覚えていなかったので棋譜というものが理解できなかった。おそらくひとつひとつの駒の文字を一種の模様としてとらえて、類型化して覚えていたのだろう。だが、文字が描かれた総数四十の木片から切り離され、紙の上に印刷された「模様」が、それと認識されることはもはや不可能であったようだ。

そんな男が自らを名人と名乗ることに、大阪人が魅了されないはずがなかった。指し手は時として、奇矯とすら映ることとすらあった。その際たるものが、晩年（六六歳の時）の南禅寺での木村義雄名人との対局で、後手番の初手で端歩をついた（９四歩）指し手である。将棋をかじったことが少しでもあるなら、誰でも理解できるように初手では（とくに後手番では）角道を開けたり、飛車の前の歩を進めたりするのがふつうである。端歩を突くなど前代未聞で、しかも、結局のところ坂田はこの対局に敗れることとなるため、指し手をめぐる議論はその後も百出することとなる。

しかも年の入ったことに彼は、この後の対局でも前局で破れたにもかかわらず再び、同じ手をくり返す。しかも再び、負けてしまうのだ。昭和一二年のことである。

坂田自身は敗れたのち、決して何も語らず、また再び駒に手を触れることすらなく、昭和二一年に七六歳の生涯を終えることとなる。一方、端歩突きの「事件」は大阪人の脳裏から消え去ることはなくさまざまなコメントが飛び交い続けた。飛び交い続けた挙句、少なくともそれから四半世紀あまりが立ったのちに私たちの年代の者が小学校で、将棋に現を抜かすころに至っても「坂田三吉、端歩をついた」は依然、子どもですら日常的に口にする常套句のように流布していたのである。

発達障害としての「読み書き障害」

坂田が文字を読みも書きもできなかったのは、明らかに発達障害のためであると私は推測している。発達障害のうちの学習障害、それも読み書きの能力に特化したもの、いわゆる「読み書き障害」という名称で今日、通用するようになりつつあるものだと考えられる。だから、生涯にわたり、いわゆる「無筆」だった。読み書き障害は英語圏では、ディスレクシア（dyslexia）と呼ばれ、この単語は欧米ではかなり一般的に流布している表記である。とりもなおさずそれは、ディスレクシアである人が周囲にごくふつうに生活しているという現実を反映している。

たとえば、典型的なディスレクシアの人間として、俳優のトム・クルーズが有名である。彼はまったくアルファベットが読めないという。だから映画の制作時には、マネージャーが台本を全部、録音するらしい。彼はそれを聞いて、自分のセリフを暗記する。実はこういうトム・クルーズに匹敵するようなディスレクシアの日本人を今の日本で探すとなると、至難の技である。どうして至難の技であるかは、後述することとしてそういう状況の中、坂田三吉はトム・

クルーズばりのディスレクシアである稀有なケースであったと思われるのである。

ただし彼自身は、どうも字が読み書きできないことを障害ととらえていなかったようである。また周囲もそうであったし、今でも障害とは考えないことがおおよそ大多数の見方である。彼の生家が経済的に困窮していたことはすでに書いた。ものの本によると、両親は下駄や草履の面を作る仕事をしていたらしい。竹の皮で白い布状のものをこしらえて、貼り付けていたという。三吉が六歳になると、尋常小学校に入学するが半年で辞めてしまっている。その後、公教育を受けることは二度となかった。三吉自身は後年、「わしは字を知らない。知らないのは学校へ行かなんだからである。いったい、わしは読み書きが大嫌いで、学校へは半年ばかり通ったけれど、勉強がいやでいやでならない。どうかして学校を抜けてやれと思ったが、いい思案もない。いろいろ考えた挙句、ある日、学校から帰るなり、二階へ上がって手習いを始めた」と述べている。両親が三吉の様子を見に二階へ上がると、彼が書きなぐった紙がそこここに散らかっていたらしい。

「どれ、見せろというので、その草紙を見せたところ、親たちがびっくりして、ひっくり返った。二、三十枚の草紙へ持ってきて、真っ黒になるほど同じ二つの文字が、しかも何千というほど、ぎっしりと書いてある。なんという文字だったか忘れたが、それが半年間に覚えた字の全部だと聞いて、親たちも腰を抜かしてしまったのだ。これは一体、なんということだといって涙を流して泣いた。（中略）とうとう親たちもへこたれて、学校を辞めさせてくれた」という。

一説によると、その二文字とは「かき」であったという。柿が欲しくてたまらず、その文字だけを覚えて書き並べたというのだけれど、その真偽はともかく、彼が半年間の学校教育にもかかわらず、ほとんど文字の読みすら覚えず、そのため親が退学させたのは疑いえない事実であると思われるのだ。この後、彼は大阪ミナミは日本橋の草履屋に丁稚奉公に入るが、これは家業のコネだったと容易に想像がつく。そして丁稚として働く中で、盛り場で流行っていた「賭け将棋」に熱中するようになり、やがてそちらの方が本業になっていくまでに将棋の腕を上げていくのである。

後世「坂田三吉は家が貧しく、ほとんど学校に行けなかったゆえに、一生読み書きに事欠いた」と言われるようになる。教育を受ける機会を与えられなかったがゆえに、字の読み書きができないままに「不本意ながら」人生を終えざるを得なかったという説が、一般に流布するに至る。確かに間違いなく家庭は貧しかった。学校へもほとんど行かなかったのも事実である。しかし「貧しいゆえに学校に行かしてもらえなかった」というのは、作り話なのだ。前章のエジソンの子ども時代について、母親が自分が学校の教師の経験があるから、エジソンを学校に行かせなくとも家庭で教育できたという作り話が、流布したのと同じ発想が根底にはある気がしてならない。

学校に敢えて行かないというのは、悪であるという考え方である。それゆえ、後世に偉業を成し遂げた人物が幼少期にそういう悪い過去を持っていたというのは困ると、誰かが考え、話をでっち上げたのだろう。

いずれにせよ少なくとも、精神遅滞でない限り子どもは半年に渡り、学校の授業を受けたならば、「あいうえお」五〇音程度は習得するのがふつうである。いくら落ち着きがなく、先生の授業が嫌いでも、覚えてしまうものである。それができないとしたら、子どもの読み書きを学習する能力に障害があると想定する方が適切だと考えられるのだ。

坂田三吉がディスレクシアであったことは、ほかの二つの事実からも裏付けられると私は考えている。

まず一つ目は、彼が棋士として知名度が高まり、再度読み書きの学習にチャレンジしたにもかかわらず、まったくものにできなかったという事実にほかならない。六〇歳になったころ、彼は突然に「字を習いたい」と言い出したのだった。そのころの彼の最大のスポンサーは、大阪朝日新聞であったのだが、そこで編集局勤務を経験したのち初動で生計を立てるようになっていた人物に中村眉山という書家がいて、三吉は彼の家に頻繁に出入りするようになっていく。こののち、二人の交流は坂田が七六歳でこの世を去るまで、絶えることはなかったらしい。だが長年の鍛錬にもかかわらず坂田は、自分の姓すら満足に書けるようになることなく、終わったのである。坂田が書けるようになることを諦めた眉山は、せめてそれならば三吉だけでもと彼のために例外的な筆順を伝授している（図3-1）。これ以外には、棋士として揮毫ができるようにと馬の文字だけは、書けるようにした。結局、坂田は終生かけて三通りの漢字だけを学習したのであるが、この「できなさ具合」に匹敵するのものとしては、トム・クルーズのそれ以外にはおよそ考えられないのである。

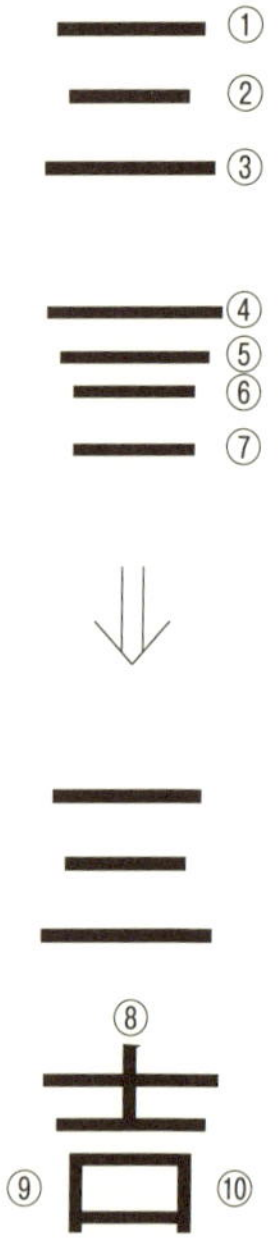

図3-1　坂田三吉の書く「三吉」の筆順

実のところ、図3-1に示した眉山の教えた三吉という文字の書き方は、今もディスレクシアの子どもにもし「三吉」を書かせるなら、もっとも効果的な書かせ方であると思える技法なのである。つまり、まず全部の「横棒」を書く。そのあとでおもむろに「縦棒」を足していくのだ。あるいは先に「縦棒」を全部書いておいて、そのあとで「横棒」を書いていっても構わないだろう。要は「正しい筆順」のように「横を描いて、次に縦を書いて、十にし、次に十のそこに横棒を入れて士にしたのち、口を書く。しかも今度はまず左の縦棒、次に右カギカッコ……」という「ジグザグ」の順番が苦手なのである。

まず十という文字が、なかなか書けない。一本横線を引くのは問題ない。むずかしいのは、次にその横線の真ん中を決め、そこから「目に見えない延長線」を上に伸ばしていって、適当な所を起点にして真ん中を突き抜けて、下方へ縦線を書き下ろすというのが、むずかしいのである。しかも起点から横線の中点までと、ほぼ同じ距離だけ下方に線を伸ばすや、そこで書き

終えねばならない。

日本語の文字は、いうまでもなくひらがな、カタカナ、漢字の三種類から成り立っている。こういう複数の文字体系を併用している言語文化というのは世界的にみても、珍しいとされている。三つのうちのカナ文字は、非常に習得しやすい文字体系であることがよく知られている。そもそも漢字を基にして、漢字が学習できなかった女子のために作られたと言われる歴史的経緯からも、それは容易に推察できる所である。パターンも五〇程度であり、しかもそれだけで日本語を構成している音素をほとんど網羅しているのだ。

言語における音素とは、その言語を構成している音の最小単位のことである。もうそれ以上に分解すると何という発音か理解不能にある音、端的に日本語では「あ、い、う……」がそうである。その大半を、日本人はカナ一文字で表記できるのだ。一文字で五〇程度の音素を表し、残りの音素は「ヒヤ」とか「ちゃ」という風に促音表記を使って二文字で表す仕組みになっている。日本人ならば誰でも少し頭の中で思い起こしてみればわかるように、日本語の音素はいくつか説はあるものの、どんなに多く見積もったところでせいぜい七〇程度に過ぎない。これは世界の言語の中では、例外的に少ない部類に属する。

英語を考えてみれば、このことは一目瞭然である。

実は英語に関しては今もって音素がいくつになるか、確定していないのである。数えた人がいないのだ。たとえば、cで始まる簡単な単語を思い浮かべてみるとしよう。cup, cap, cut, curl, circle,……全部、互いに別のしかも独立した一音素であることがわかるだろう。音素の定義は、言語を構成する最小単位――cupをこれ以上、細かい単位に分割できるだろうか？　否である。cという子音にアという音に近い母音が続き、そのあとにpという子音があって、それで終わっている。

ほかの単語もしかり。つまり上述のアルファベットの配列群は、いずれもそれぞれ別個の独立した単語（語彙）であると同時に、音素なのである。

日本人はたとえばcupに関するならば、カップと日本語で表記する習慣が確立しているため、“c”を「カ」というカナ文字に対応するものとして、ついつい考えがちである。しかしcapはキャップと表記するし、circleはサークルと訳すことから同じ論理で推測するなら、capでは“c”は「キャ」にあたることになるし、circleでは同じ“c”が「さ」という音にあたることになり、なんのことはない後続の文字に応じて、その表す音が違ってくることが一目瞭然となる。つまり“c”が一個の独立した単位でないことが明らかとなる。

英語で一番、多い文字数で表される音素は何か？

Strengthがそれだという説が有力だとされている。しかしそれが事実なのか否か、それすら本当は不明なのである。

日本人はカナ文字の読み書きを習得すると、その配列によって単語を「綴る」ものだと考えがちである。そこで英語についてもa, b, c, d,……とアルファベットをマスターし、その配列で単語をマスターしようとする。たとえば、コップはcupといい、c, u, pと綴りますと記憶するものの、この勉強法は日本人にしか通用しない。英語を第一言語として習得したものにとって、cup, capそれぞれが日本人にとっては、あ、い、う……に対応しているのであり、それぞれの音の配列ごとに綴りを記憶していなければならない。英語がスラスラ書けるようになるというのは、彼らにとって結構たいへんな作業なのである。翻って、日本人はカナ文字のおかげで、耳で聞いて覚えた単語をいとも易々と表記できる恩恵に浴しているといえるだろう。もっとも漢字の学習という別の難行苦行が待っているけれど……。

ディスレクシアの起きやすい言語、起きにくい言語

話が脱線してしまった。何が言いたかったかというとディスレクシアという発達障害があるといっても、それはどういう言語文化で生活するかによって、障害が顕著に出現する言語とそうでない言語があり、日本語は後者であること。だから英語圏に比べると、日本語のカナ文字というのは言語学習が「入りやすい」言葉であるので、ディスレクシアであっても学習困難を経験する程度はふつうは、英語ほどたいへんではないということを書きたかったのである。具体的に、トム・クルーズのような無筆の人を日本で見つけようとしても、なかなか見つからないだろう。その中で坂田三吉は稀有な例であるといえるのだ。

私が知る限り、実際に会った人で彼ほどの障害の程度の人には会ったことがない。過去の情報に頼る限り、芸人のミヤコ蝶々と浪花千栄子がそうであったと聞くだけである。もっとも二〇一九年現在で五〇歳になっていない人で、この二人の名前を知っている人など、もうほとんどいないかもしれない。それほどに障害度の強いディスレクシアというのは、日本語圏では稀なのである。

そして障害が顕著化しにくいということには、ありがたいことであると同時に厄介な問題もまた、社会にもたらしたのだった。文字がまったく読み書きできない人が社会全体で、少ないことそのものは決して悪くない話であるものの、それは社会が障害のある人への理解を高めることを阻害する結果を同時にもたらしてきたからである。

端的に日本では教育者の間ですら「ディスレクシアの人間など、日本には存在しない」という主張が平気で飛び交っているほどであった。それほどに、読み書きの障害への理解は低かった。それは今も基本的に変わっていない。具体的にアメリカでは、トム・クルーズは自動車の免許証を取得して平気で車を運転しているけれど、もし日本で彼と同じぐらいに日本語の読み書きに不自由する障害者がいたとすれば、その人は絶対に免許証が取れないだろう。免許取得の筆記での交通法の試験に合格しないからである。では、なぜトム・クルーズは免許を持っているのかというと、欧米ではディスレクシアであることをあらかじめ申告すれば、法規試験を口述で行なってくれるからにほかならない。

当たり前の話であるが、筆記試験はその人の交通法規の知識を試すために行なうものなのである。それを測定するにあたり、読み書きの能力に障害があるから成績が「本来的に当人が持っている潜在能力より低い」形でしか反映されないとすれば、それは障害者への差別であるという考え方が、欧米の社会に浸透しているのである。翻って日本ではどうかというと、読み書きが苦手であるというのは、「それはひとえに本人の国語への勉強の努力が足りないから」「勉強意欲に欠けるから」という認識が浸透している。だから読み書きそのものが苦手であることによって、読み書き以外の能力を評価する試験（たとえば、運転免許の法規試験）の成績が劣ったとしてもそれは「自業自得」とみなされるのだ。

実際のところ、ディスレクシアが日本語圏で欧米よりも顕著化しないのは、日本語が音素の多様性が極端に少ない言語体系であり、五〇程度のカナ文字の表記を丸暗記すれば、おおよその単語が（かなで書いてあれば）読めるし書くのも不自由しないことの影響が大きいと考えられる。しかし顕著化していないということは、ディスレクシアがないということとはまったく違う。ごくたまにであるけれど、坂田三吉のような人はいまだに出現しているはずである。ただし、そういう人が表立って社会の注意を喚起しないのは、読み書きがほとんどできないと日本では学校での授業にまったくついていけないため、学習障害ではなく精神遅滞というような、実際以上に障害が重く評価され、十分な教育的対応を受けることなくおざなりにされているからだろう。

誤解のないように補足しておくと、ディスレクシア（読み書き障害）であるといっても日常の聞く話すという行動には、何も支障はない。だから単に会話をしている限りでは、そういう障害があるかどうかはまったくわからない。世の中には、失語という別のことばの障害があることも、よく知られた事実である。

われわれの脳には、言語を話し理解するための部位が存在し、一般に言語中枢と呼ばれている。言語中枢は、二つに分かれている。話すという行動を司る領域は、運動性言語中枢と呼ばれ、発見者の名前をとって「ブローカ野」とも言われる。聞いて理解するという行為を司る領域は、それとはまったく別の脳領域に局在し、感覚性言語中枢とか、発見者に因んで「ウェルニッケ野」とか呼ばれている。

失語とは、これら二つの脳領域のいずれかが直接に障害を受けることによって生ずる。運動性の言語中枢が機能しなくなると、話すということができなくなる。ただし、周囲からの話しかけは聞きとれるし、理解もできる。かたや感覚性の言語中枢が機能しなくなると、自分自身が話す分には不自由しないものの、周囲からの語りかけが何を言っているのかわからなくなる。そこで前者を運動性失語、後者を感覚性失語といって区別している。

ところがディスレクシアでは、言語中枢の働きには何の問題もない。だが文字という一種の記号を目にして、その表す音表象をイメージする、あるいは自分のイメージしたことばを身体を用いて文字に表すという段になって初めて、困難が顕在化するのである。ということはすなわち、視覚的に認識した情報を感覚性言語中枢へ解読のために転送する、あるいは表出しようと運動性言語中枢で創造した情報を、口を開いて音にするのではなく、「書く」という運動で表現するべく情報を転送する過程に障害があることによって、その困難は生まれるのだということになる。

　すでに書いたように英語圏では、cupやcatやcapやcircleといった無数の文字配列ごとに、対応するおのおの別の音素をイメージしなければならないから日本語圏よりも、ディスレクシアの人が多いように見えるのだ。敢えて私たち日本語の話者が、そういう人々の経験している困難さをわずかながらも味わった気になろうと思うなら、タイやミャンマーへ出かけていって、しかも地方のまったくアルファベット表記のない場所で生活する状況を想像すればいいかもしれない。

　周知の通り、タイやミャンマーで用いられている文字は大多数の日本人にとって、からっきしなじみのない記号の集まりである（図3-2）。それぞれが何を表記しているのかはおろか、個々の文字がそもそも同じなのか違うのか、一体何通りあるのかさっぱり思いが至らない。トム・クルーズによれば、彼にはアルファベットの綴りでは、個々の文字が飛びはねて見えるという。まさに意味不明な記号のカオスに、身を置かれる感じがするのだという。

図3-2　タイとミャンマーの文字

日本語圏では、文字が飛びはねて見えるというような感覚に襲われる人の話は、聞いたことがない。けれどもディスレクシアという現象の知識を仕入れた上で、たとえば小学校へ入って一ヶ月程度しかたっていない小学生の授業風景なんかをのぞいてみると、「この子どもは障害があるな」とわかる例は、さほど珍しくないことがわかる。

たとえば「キャッチ」という表現を正しく読めない子どもなど、その可能性がかなり高いケースである（見る人、一例だけでは即断禁物なのは言うまでもないが）。「キ」に小さな「ャ」がついた、いわゆる拗音、しかもそれにすぐ小さな「ッ」という促音が続くという、一般に特殊音の連続表記の読みや書きは、障害がもっとも如実に出る語例である。

当然のこととして、そういう子どもは小学校低学年で多くの場合、国語の成績が芳しくない。すると教師や保護者は、「この子は国語が好きでない」と決めてかかる。自ずと本人も勉強意欲をなくしていく。

それでなくともディスレクシアであると、個々のことばの読みは別としても教科書に書かれてある内容全体を読み通すのに、通常より時間を要するのがふつうである。つまり読むのが遅い。これは、あらゆる学科の成績にひびいてくる。そもそもどんな教科であれ、テストに回答するには、まず問題を読まなくてはならない。それに対して、ほかの生徒より骨を折らなくてはならないのだ！

結果として国語にとどまらず、学年が上がるにつれてほかの教科も成績が下がって、落ちこぼれてしまう――そういう事態が、個々の子どもが障害の有無を把握されないがために、障害があっても適切なフォローがされずに放置された結果として、日本中の小学校で今なお起きている。

無文字社会では読み書き障害は存在しない

しかし改めて考えてみた時、文字の読み書きに不自由するという資質の「欠落」を、果たして「障害」と呼んでいいのだろうか。

かつて私は一九七九年から一九八〇年にかけて、サルの野外調査のために、南アメリカのアマゾン上流域のジャングルで十ヶ月余り、暮らしたことがある。その時、調査のアシスタントとして雇った現地の中年男性猟師は、まったくの無筆だった。自分の名前のサインすらできなかったことを、今も生々しく覚えている。けれどもそれは、私が彼にアシスタントとしての賃金を支払い、彼が人生で初めて領収書という代物にサインを求められて、ようやく判明したことであって、字の読み書きができなくとも日常は、何ひとつ不自由はなかった。一方、彼はジャングルの中をまるで自分の庭のように歩き回れる鋭い方向感覚の持ち主だった。

アマゾンには、いわゆる「方向音痴」の人はいない。今日では方向音痴とは、空間認識に関わる軽度の脳の障害に起因すると考えられるようになっている。日本のような文明社会ではカーナビなどの発達により、方向感覚に障害があっても生活に支障がほとんどなくなりつつあるが、アマゾンでは今も、すぐに家に帰れなくなって淘汰されてしまうだろうと思われる。

人類が今日の形での話す、聞くという能力をいつ歴史上、獲得したのかについてはだいたい、十四～十八万年ぐらい前であっただろうというのが定説となりつつある。ひと昔前は、三十万年ほど前だったのではないかと考えられていた。それを考えると、予想より最近のことだったといえるのかもしれない。

しかしながら文字の誕生となると、これはたかだか数千年前のことにすぎないのである。言語の歴史のスタート点を、人類がことばで話し聞き始めた段階に設定するならば、そのおよそ九五パーセントぐらいを人間は、無文字の状態で生きてきたことになるのだ。

私たちの先祖がことばを話し聞きだしたということはとりもなおさず、その時には言語をあやつる遺伝的資質が備わっていたことを意味している。けれどもそれは、文字の読み書きを営む資質が進化したことではない。いやそれどころか文字が誕生してまだ数千年の歴史しかないということは、文字をあやつるための遺伝的資質など、地球上の誰にも備わっていないことを意味しているのである。

誰でも知っているように私たちは、教育によって初めて読み書きを修得する。話し聞くという行為に関するなら、周囲がとくに話し方や聞き方を伝授しようとしないにもかかわらず子どもは知らず知らずのうちに、話し聞くようになっていく。それとは大きな違いがあるが、それは人類に未だ文字を読み書くための本能が備わっていないからにほかならない。まああと何万年も人類全体が文字社会として繁栄を続けられれば、そういう遺伝子が進化するかもしれないものの、とりあえず今のところはそういうものはない。それではどのようにして私たちは文字の読み書きができるようになるのか？

話し聞くという行動を司るために進化した脳領域である運動性言語中枢と感覚性言語中枢を、視覚認知系の脳領域・運動実行形の脳領域という本来は言語とまったく無関係な機能を果たしている所と、「ムリクリ」結びつけることによって読み書きは、実行可能となっているのである。神経系というものには、可変性がある。どこかの経路がアクシデントによって遮断されたりしても、バイパスを作って情報が流れるようにすることは日常茶飯だ。だったら本来は結びつくことが想定されていなかった脳領域同士でも、環境の要請によってはつながることがある。人類史上、おそらくその最大のものが言語を見える形にして、意図的に再生するという作業をあみ出したことであるのかもしれない。

だから文字の読み書きを学習するということは例えるならば、台風がやって来て電気もガスも供給がストップした。そこで持っている自動車のバッテリーを電熱器につないで、ご飯を炊いて当面の飢えをしのぐようなものであるのかもしれないのだ。要は脳のなかで「やっつけ仕事」をしているということに、ほかならない。ところが人間のなかには、そのやっつけの別々の脳領域のコネクトが、うまくいかない人がいるらしい。不測の際のバックアップ系がほかの人と違う風にできているようなのだ。それがディスレクシアすなわち、読み書き障害の本体である。

このように見てくると、それを果たして障害と呼んでいいものなのかどうか、きわめてあやふやになってくると私には思えるのだが、どうだろうか。自動車のバッテリーを電熱器とつなごうとしたら、プラグが合わなかった。だからバッテリーや電熱器に「欠陥」があるとは、言わないだろう。

プロ棋士の脳

しかも文字の読み書きができにくい脳構造を持って生まれてくるということは、生活をしていく上で必ずしも不便をきたすばかりとは限らない。反対に文字を知らないゆえのメリットというのもある。それをもっとも象徴的な形で体現したのが、坂田三吉の人生であったと考えられるのである。

坂田が死んで六〇年が経とうというころになって、私たちが将棋を指す際の脳の働きを研究しようという試みがなされるようになったのだ。二〇〇七年に理化学研究所が立ち上げた「将棋思考プロセス研究プロジェクト」がそれにほかならない。

このプロジェクトではまず、棋士が将棋盤を見て、駒の配置を認識する際、脳領域のどこが働いているかを調べる試みが行なわれた。「盤面知覚実験」である。実験の参加者に棋譜を見てもらい、その時の脳内の血流の分布状況をｆＭＲＩ（機能的磁気共鳴画像法）で計測する。参加したのは、プロ棋士とアマチュア棋士の二グループである。

少しでも将棋の経験のある人ならわかることだけれど、最初から自分が指していった勝負の場合と異なり、他人同士が指している対局のある局面を、そこだけ切り出して棋譜の形で見せられても、それがどういう状況かを認識するのはアマチュアには、なかなかむずかしいものである。少なくとも、かなりの時間を要する。

ところがプロでは、一瞬で盤面を適切に把握できる。その違いが脳機能の上でどう反映されるかを調べる目的で、この実験は行なわれた。するとプロ棋士の脳では、アマチュアには見られない特徴として、楔前部と呼ばれる脳領域での活動が観察されることが明らかになったというのだ（図３‐３）。

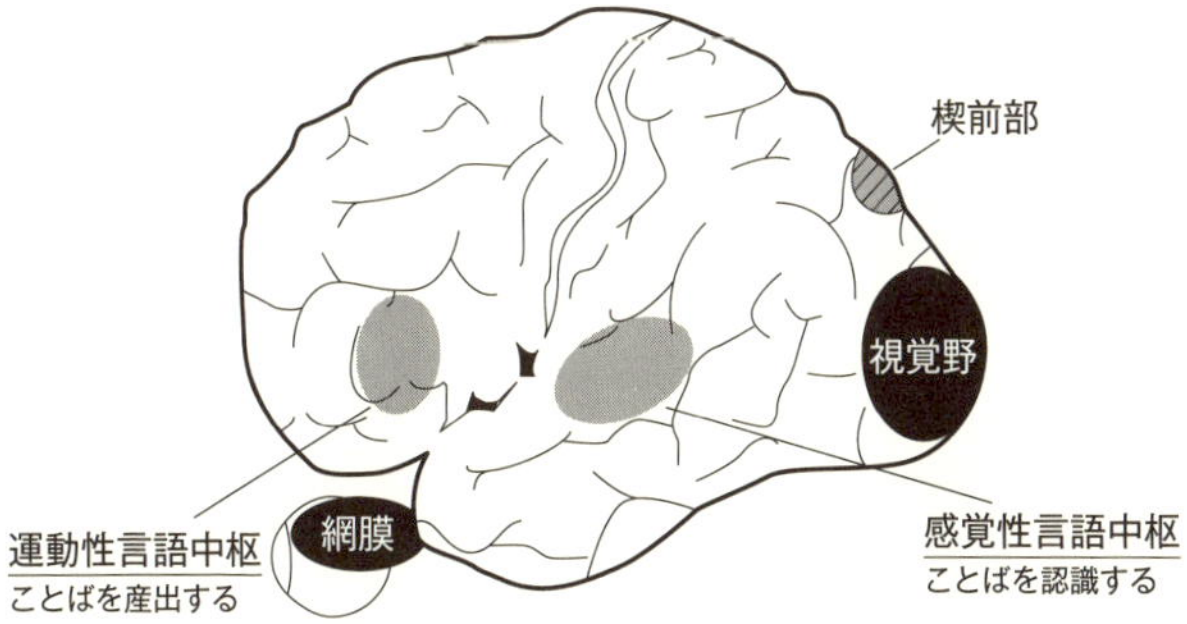

図3-3　将棋の対局に関わる脳の領域（右利きの人の左半球を真横から見たもの）。左下に眼球があり、眼から入った情報はまず後頭にある視覚野へ送られる。そののち、通常ならばひとまず感覚性言語中枢（ウェルニッケ野）で処理されるのに対し、坂田三吉などでは、直接楔前部へ送られる。

楔前部とは、大脳の表層をおおう大脳皮質のなかで、頭頂の部分すなわち頭頂葉のしかも後方に位置する領域を意味している。従来から、視覚的、空間的にものごとを考えたり、個人的な過去の体験を思い返したりする際に活動が見られる領野として、知られていた。典型的に詰め将棋の問題を解く時などを思い出すと、ともかく記されている駒の配置を把握しなくては話にならない。その時にまず使われる脳の領域が、楔前部であると考えられる。

もちろんこれだけでは、詰め将棋を解いたことにはならない。「次の一手」を考えないといけないのは当たり前のことである。しかも、とにもかくにも自分の頭の中に将棋盤をイメージすることが可能で、しかもその盤面上で駒を思うままに動かせるか否かに、将棋という勝負事の習熟の可否がかかっているというのは、否定できない事実であると思われる。

プロ棋士の対局をテレビで見ていると、勝負の決着がついたあと、もしもまだ放送時間に余裕がある時には、感想戦というのを映してくれることがある。今、まさに決着のついた対局を二人の対局者が回想して、ああでもないこうでもないと話し合うのだ。解説者も参加するのも珍しくない。

見ていると第一手から、指し直して対局を再現していく。そして重要な局面ごとに、実際に指したのと異なる手を実際にいろいろ駒を動かしてみては、もしもこう指したならばこういう風に対応しただろうと議論を重ねている。ひとしきり話し終わると、また盤面を実際の対局でのそれに戻して、次の局面へ進めていく。

将棋の駒の動かし方と、初歩の定石を知っている程度の人間である私などからすると、よくあれだけ記憶していられるものだと感嘆するしかない状態であるけれど、それにとどまらない。そもそも自分の過去の対局すべてを、同じように覚えているし、他人同士の対局でも必要とあれば、そっくり頭にたたきこんでいる。

しかもその覚え方は、「2四歩、3王金……」といった具合に、盤面の駒の動きを横と縦の座標の数字で記憶にとどめるのではない。頭の内に将棋盤があって、そこに所定の位置に駒が置かれていて、それらの動きを視覚的にイメージで脳裏に焼きつけているのだ。そして、その動きを表出するにあたって初めて、「3四歩……」とことばに変換しているにすぎないのである。言語表出の能力は、副次的なものにすぎない。

いやそれどころか、ことばは盤面の認識にとっては妨げになるものであるらしい。私のような者は盤面を覚えるにあたり、どうしても「『金』の駒が2四のところにあって……」とまず、駒を王、金、銀、飛車、角……という具合に、言語的シンボルとして頭にインプットしていってしまう。それらがおのおの、2四の位置にあって……、と空間布置を把握するのだが、プロの棋士は言語を媒介せずに、各場面の全体イメージを、非言語的に心に焼きつけていくからなのである。

なまじ言語能力が発達すると、それが足かせになる。

言語の束縛

「リンゴ」や「エンピツ」といった物体の名称を表記した文字カードを見せ、それを自分が今、所有しているとすると何を行なおうとするかを想像してもらう。その際の脳活動を記録するという有名な実験がある。すると、まずカードを目にすると実験の参加者の脳の中の視覚野が活発になることがわかる。文字をまさしく視覚的に知覚した証拠である。

次に何が書かれているか読みだすと今度は、感覚性の言語中枢が活動しだす。文字の意味を理解したのだ。それから表記された物体に自分がどうかかわろうかを考えだすと、今度は運動性の言語中枢が活動を始める。

図3-3からわかるように、言語中枢は右利きの人の場合、九割の確率で左半球にのみ局在することが、よく知られているのだが、感覚性の中枢と運動性の中枢の領域は、かなり離れた所にある。感覚性の中枢であるウェルニッケ野は、左半球の側頭に局在するのに対し、運動性の中枢であるブローカ野は、もっと前頭部に近い領域に位置している。

一方、視覚野はというと脳のいちばん後ろのあたり、つまり後頭部に局在している。むろん私たちが物を見る眼は、顔に存在しているわけで、その網膜でとらえたイメージの情報は頭部前面から視覚伝導路を伝って、まず脳の最後部へ送られていくのだ。そしてそののち再び、側頭からさらに前方へ転送される形で実験の課題が送信されていくことがわかる。

そして、この情報処理過程は私のごとき、駒の動かし方と初歩の定石を知っている程度のアマチュアが、将棋を指す時にまさに脳内で起こっている現象そのものなのである。王や金や角を駒ひとつひとつから想起し、それらをどう動かすかを心の中で、操作（マニピュレート）するのが、対局というものなのだから。

他方、プロは楔前部という脳領域が主に用いられていることは、すでに紹介した通りである。しかも楔前部は言語中枢に比べると、視覚野にはるかに近接した脳部位なのだ。

盤面を見ている時に、まず網膜からの入力が視覚野へ送られるのがプロでもアマチュアでも変わらないのは、当然である。しかし、そのあとの情報の行方は両者でまったく異なる。それこそが、プロとアマチュアの技能の差となって表れてくるのだと考えられよう。

では将棋に熟達するには、どうすればいいのか。脳機能分析に即していえば、言語を媒介として思考することを、止める、ということになる。これは言うと易しいものの、凡人にはふつうはなかなか実行しづらいことに違いない。将棋の駒ひとつひとつを目にしても、それらを王、金、銀、……と考えるな、と言うに等しいのだから。

けれどもその点、坂田三吉は根本的に他人と違っていた。そもそも彼は、まったくの無筆だったゆえに言語の束縛から完全に解き放たれた人間であったのだと考えられる。

生前、坂田は「自分は銀の駒そのものになって対局している」という意味のことを、くり返し口にしていたという。「銀」という言語表象の駒が盤上にあるのではなく、その駒になりきって相手と勝負を挑むのだという。そういう思考だからこそ、彼の指し手はおよそ従来の常識にとらわれないものになったのだろうと想像される。

大正一四年に自ら勝手に名人を名乗ったことにより、坂田は日本の将棋界から事実上、追放されることとなる。以降、一二年後に復帰を許されるまでの間、彼はまったく将棋から遠ざかり、誰とも対局する機会を持たなかったという。だが一二年を経て、再び盤面に向かった時、彼の棋力はいささかも衰えを見せていなかった。ふつう、どんなプロ棋士でも数月でも指さないブランクがあると、勝負勘が鈍ると言われている。その点、坂田三吉はまさに異質の棋士であったことがうかがえるが、それこそ彼の棋力を支えた資質が、重度のディスレクシアに支えられていたという事実を裏づける証左であると私には思えてならないのだ。

そして最後に初手に端歩を突くという、大胆な企てに挑戦し、自らの将棋人生に幕を下ろしたのだった。

すでに書いたように、坂田はこの指し手について生涯、一切口を閉ざしたままこの世を去ることになる。けれどもそもそもが彼の脳にinspire（インスパイア）された指し手であったのではないだろうか。Inspireとは「吹きこむ」という意味。誰が吹きこむかというと、それは神にほかならない。将棋の神様の「端歩を突け」という声が、彼に届いたのではと私は推測している。

「可能性の文学」

昭和二一年の坂田の死は、第二次世界大戦後の混乱の中で、ほとんど社会の注目をひくことはなかった。唯一の例外が文学者の織田作之助である。死の五ヶ月後、彼は「可能性の文学」というタイトルのエッセイを発表するが、それは次のように始まっている。

「坂田三吉《さかたさんきち》が死んだ。今年の七月、享年七十七歳であった。大阪には異色ある人物は多いが、もはや坂田三吉のような風変りな人物は出ないであろう。奇行、珍癖の横紙破りが多い将棋《しょうぎ》界でも、坂田は最後の人ではあるまいか。

坂田は無学文盲、棋譜も読めず、封じ手の字も書けず、師匠もなく、我流の一流をあみ出して、型にとらえられぬ関西将棋の中でも最も型破りの「坂田将棋」は天衣無縫の棋風として一世を風靡《ふうび》し、一時は大阪名人と自称したが、晩年は不遇であった。いや、無学文盲で将棋のほかには何も判らず、世間づきあいも出来ず、他人の仲介がなくてはひとに会えず、住所を秘し、玄関の戸はあけたことがなく、孤独な将棋馬鹿であった坂田の一生には、ずいぶん横紙破りの茶目気もあったし、世間の人気もあったが、やはり悲劇の翳《かげ》がつきまとっていたのではなかろうか。」

さらに続けて例の人生最後となった対局にふれ、「昭和の大棋戦だと、主催者の読売新聞も宣伝した。ところが、坂田はこの対局で『阿呆な将棋をさして』負けたのである。角という大駒《おおごま》一枚落しても、大丈夫勝つ自信を持っていた坂田が、平手で二局とも惨敗したのである。（中略）いかなる『阿呆な将棋』であったか。坂田は第一手に、九三の端《はし》の歩《ふ》を九四へ突いたのである。（中略）果してこの端の歩突きがたたって、坂田は惨敗した。が、続く対花田戦でも、坂田はやはり第一手に端の歩を突いた。こんどは対木村戦とちがって右の端の歩だったが端の歩にはちがいはない。そして、坂田はまたもや惨敗した。そのような『阿呆な将棋』であった。」と書いた。

「しかし」と、織田はここから持論を展開しだす。「坂田の端の歩突きは、いかに阿呆な手であったにしろ、常に横紙破りの将棋をさしてきた坂田の青春の手であった。一生一代の対局に二度も続けてこのような手を以て闘った坂田の自信のほどには呆れざるを得ないが、しかし、六十八歳の坂田が一生一代の対局にこの端の歩突きという棋界未曾有《みぞう》の新手を試してみたという青春は、一応驚かされるではないか。端の歩突きを考えていた野心的な棋師はほかにもあったに違いない。花田八段なども先手の場合には端の歩突きも可能かも知れぬと、漠然と考えていたようだ。が、誰もそれを実験してみたものはなかった。まして、後手で大事な対局にそれを実験してみたものは、あとにも先にも坂田三吉ただ一人であった。この手は将棋の定跡というオルソドックスに対する坂田の挑戦であった。将棋の盤面は八十一の枡という限界を持っているが、しかし、一歩の動かし方の違いは無数の変化を伴なって、その変化の可能性は、たとえば一つの偶然が一人の人間の人生を変えてしまう可能性のように、無限大である。古来、無数の対局が行なわれたが、一つとして同じ棋譜は生れなかった。ちょうど、古来、無数の小説が書かれたが、一つとして同じ小説が書かれなかったのと同様である。しかし、この可能性に限界を与えるものがある。即ち、定跡というものであり、小説の約束というオルソドックスである。坂田三吉は定跡に挑戦することによって、将棋の可能性を拡大しようとしたのだ」。

そして、「定跡へのアンチテエゼは現在の日本の文壇では殆《ほと》んど皆無にひとしい」と、日本文学への批判を試みたのだった。

さらに批判の眼は、日本社会全体へと移っていく。「正倉院の御物《ぎょぶつ》が公開されると、何十万という人間が猫も杓子も満員の汽車に乗り、電車に乗り、普段は何の某《なにがし》という独立の人格を持った人間であるが、車掌にどなりつけられ、足を踏みつけられ、背中を押され、蛆虫のようにひしめき合い、自分が何某という独立の人格を持った人間であることを忘れるくらいの目に会って、死に物ぐるいで奈良に到着し、息も絶え絶えになって御物を拝見してまわり、ああいいものを見た、結構であったと、若い身空で溜息をついている。まことにそれも結構であるが、しかし、これが日本の文化主義というものであろうと思って見れば、文化主義の猫になり、杓子になりたがる彼等の心情や美への憧れというものは、まことにいじらしいくらいで」あると論じるが、昭和から平成、令和と時代は変わっても、織田の指摘は何一つ古びていないことが、よくわかるのではないだろうか。そしてそれはすなわち、坂田三吉に匹敵するような人材が今なお日本からは輩出していないことを意味している。

因みに、「可能性の文学」の発表の翌月、織田は世を去ることになる。これが彼の絶筆となったのだった。

第4章　癇癪持ちのアインシュタイン

アルベルト・アインシュタイン。一八七九－一九五五年。南ドイツのウルムで生まれた。一九〇五年の特殊相対性理論と一九一五年の一般相対性理論の発表は、ニュートン力学以来の時間空間概念をまったく変えることになった。一九二一年、ノーベル物理学賞を受賞。

天体物理学者の資質とは？

私の勤務している研究所は、サルを研究対象としている科学者が寄り集まっているので、基本的に生物学者の集団といっていい。また研究所内に限らず同業者も、大学ないし大学院で、多かれ少なかれ生物学を専攻した経験の持ち主が大半である。

ところが、なかに転向組が少なからず混じっている。何かほかの学問を始めたけれど、うまくいかず、こちらへ移ってきたという人たちだ。そのなかでも物理学からの転籍組が目立って多い。

物理学は数学を基礎としている。だから彼らは概して、数字の扱いにたけている。他方、生物の研究も、最近は数式を必要とするようになってきた。ファーブルのころのように、動植物を観察しているだけでは仕事にならない。おのずと、若い時分に厳しく数学をきたえられている連中の方が、あとで強みを発揮するようになり、異才を発揮することが珍しくない。

もっとも物理学と一口に言っても、今や間口はたいへん広い。それで、そのなかでもさらに、どういう領域の人がこちらへ移ってくるかと指折り数えてみると、天体物理学からの転向が圧倒的に多いことに気づく。

どうしてかと、いぶかしく思って本人に尋ねてみると、「いやあ、あれ（天体物理学のこと）は特殊な才能が要って、私にはちょっとねぇー」という答えが返ってくる。当人の名誉のため附記しておくが、今ではみんな、それぞれの研究分野の第一人者の人たちである。そのまま天体物理にいても名を成したと門外漢には思えてしまうのだけれど、そうではないらしい。

どうも特殊な資質が必要であるようなのだ。資質というより、センスと書いた方が的を射ているかもしれない。しかもそれは、ちょっとやそっと努力したところで獲得できるものではない。それゆえ「できる奴」は、はじめから「できる」場合が少なくないという。加えて「できる」と「できない」の差が、周囲から見てとても明瞭に見てとれる。噂によると、天体物理の研究室に大学院として在籍していて、もう博士課程も終わろうというころになって、学部を出てきたばかりの新入り大学院生に、そういう「できる奴」がいた時ほど悲惨なことはない、ときく。自分たちがなかなか解けない問題も、なんなく解いてしまう。上級生の威厳など、あったものではない。存在理由そのものを否定されてしまう。荷物をまとめて出ていく仕度をするしかない。

ちなみに生物学の世界では、こういうことはまず起こらない。そもそも才能のあるなしが、さほど簡単に見てとれない。まして人文科学や社会科学となると、ある程度年数を重ねないと個人の資質が明らかにならないし、どれぐらい努力したかが大きな比重を占めるだろう。

だからこそ、年上の者は年下にえらそうにしていられるのだけれど、天体物理はまるっきり違う業界らしい。もっとも彼らとて、最初に入っていく時は、そういう事情を知っているわけではない。私の知る限り、子どものころから天文少年・少女で、星や月を見るのが好きで……という人が多い。それが現実の厳しさにぶち当たり、さっさと将来に見切りをつけて生物学に来るのだ。

では、天体物理学特有のセンスとはどんなものなのだろう?

生物の周期的大量絶滅の謎

それを如実に示すエピソードを紹介しよう。アメリカの研究者が、恐竜絶滅の謎の解明にいどんだ物語である。最近では、かなり有名になったように、恐竜がある時期を境にして地球上からぷっつりと姿をくらましてしまった原因としては、彗星の地球への衝突が有力視され

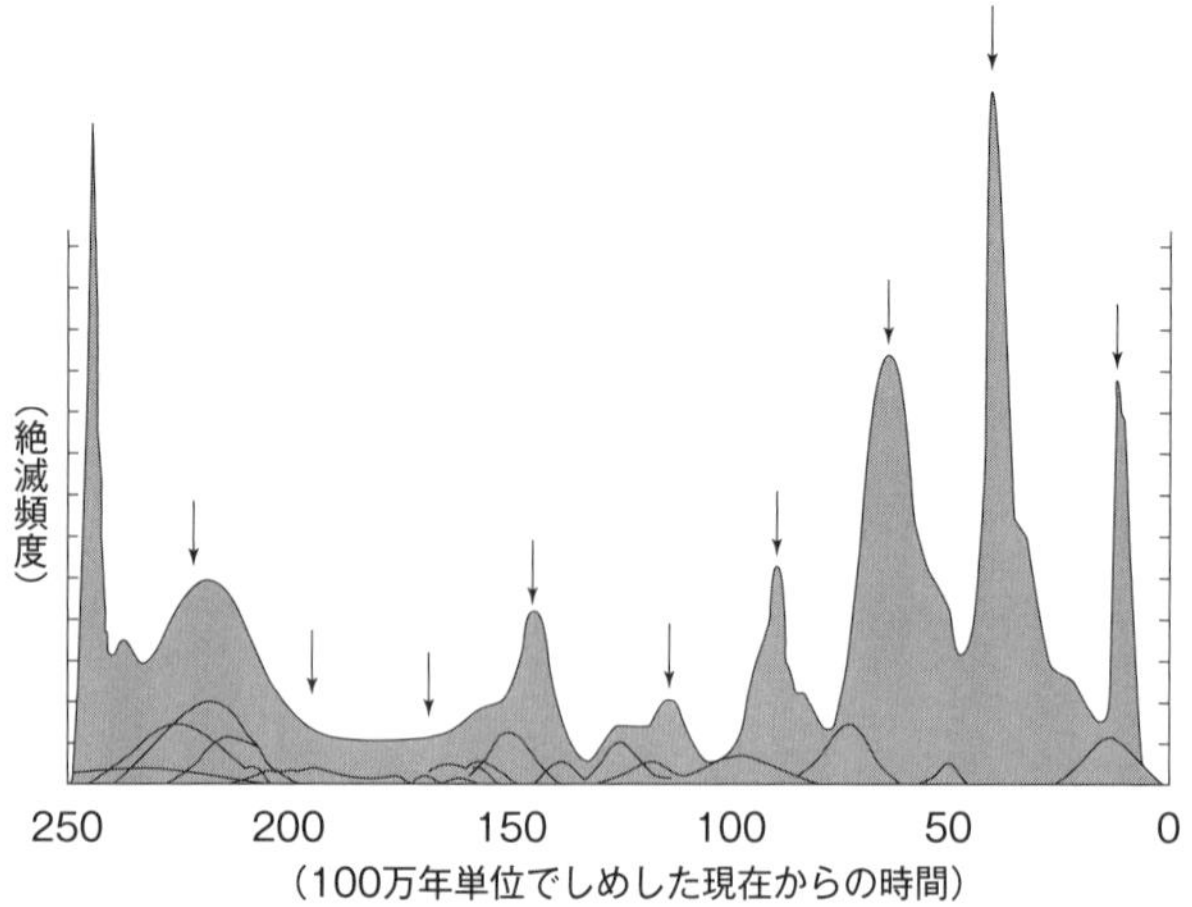

図4-1　過去の海洋生物の絶滅の頻度。非常にきれいな周期性を示す。

ている。その考えが提唱されるに至った過程が、当事者によって一冊の書物にまとめられている。カリフォルニア大学バークレー校のリチャード・ミュラー教授の、『恐竜はネメシスを見たか』（手塚治虫監訳〈一九八七年、集英社〉）という本である。そこにくりひろげられた天体物理学者たちの議論を垣間見ることによって、彼らの研究分野の一流の専門家がどういう頭脳の使い方をしているかが、実に手にとるようにわかるのだ。

話の発端は、図4-1のようなグラフを古生物学者から見せられることから始まる。過去の海洋生物の大量絶滅には、周期性が見られるというのである。おそろしく規則的に、二六〇〇万年ごとにピークを迎えているというのである。グラフを見るや、ある天体物理学者が、小惑星の地球への衝突によるのでは、と一瞬ひらめく。そして、ひらめくや否やその発想を正当化するモデルを作り出す。つまり太陽を連星系の一部だと、まず考える。連星とは複数の恒星が相互に引力を及ぼし合い、共通重心の周りを公転運動している重星のことを指す。そのうち大きいものを主星、小さい方を伴星と呼ぶ。そして、主星である太陽からかなり距離があるものの、周囲を楕円軌道を描く伴星の存在を想像するのだ。

一方、太陽のまわりをまわっている小惑星のほとんどは、火星と木星の軌道の間の帯の中に通常は存在していることが知られている。ところが伴星が、遠くはなれた所ではあるものの太陽に比較的近づいた空間を通過する時に、何らかの形で、この帯に引力によって起動のズレを与え、結果として惑星の一部が地球へ向かう軌道をとるように仕向けられるのでは、と仮定する。仮定するや、頭のなかで、太陽のまわりに卵形の軌跡を描いて回る星のイメージが形成される。その星が彗星の大集団の近傍を通過するたびに、相手の運行のルートを狂わせる。するとと途端に、イメージに合致するようなストーリーが発展していくのである。ふつう地球に近づいてくる彗星はすべて、太陽系から遠く離れたオールト雲と呼ばれる領域からやって来ることがわかっている。オランダ人のヤン・オールトによって発見され、地球から〇・五ないし一光年離れた空間にあると言われている。オールトによってはじめて、彗星は宇宙の無限のかなたから来るわけではないことが証明されたのである。

オールト雲には一〇兆の彗星があるとされていて、惑星のように円軌道を描くわけではなく、ランダムに運動している。いわば彗星のハリケーンのようなところとされている。

素早く暗算をする。伴星が、太陽からほぼ一・五光年の距離のところまで近づいて、通過したとする。地球と太陽の距離のおよそ三万倍であるものの、伴星がオールト雲内の彗星の一部の運行を変化させることは、理論的に起こり得ることを確認する。

暗算によると、この変化によって太陽系の内部に入ってくる彗星は全体の一万分の一にすぎないことがわかる。しかしオールト雲には一〇兆の彗星があると考えると、一万分の一でも一〇億となる。それが一〇〇万年という、宇宙の時間の流れ全体から見れば限られた期間に地球に近づくとすると、一年に一〇〇〇個が接近する勘定になる。

地球の軌道の領域と、地球の大きさを比べてみると、その比重は五億対一である。だから一〇億の彗星が地球の軌道に入ってくれば、そのうちの二個は地球と衝突する計算結果になる……。こうして心の中でイメージを操作するだけで、科学理論を構築していくのである。

求められる空想癖

しかも、こういう推論を理屈によって行なうのではない。暗算で数字をはじき出したと書いたものの、それは自分で導いた結論を、あとづけして正当化しているにすぎない。理屈ぬきに、まずイメージが脳裏に次々とうかんでくるのである。

太陽の周囲を動く伴星、それに影響される無数の彗星、その一部が毎秒約三〇キロという、もっとも速い弾丸の一〇倍以上ものスピードで地球に向かってまっしぐらに進んでくるさまが、まざまざと想起される。

彗星はあまりに速いので、大気圏へ突入したのちも、ほとんど空気の抵抗の影響をうけることがない。一瞬で、すさまじい勢いのまま大地に激突する。とたんに付近の温度を摂氏一〇〇万度以上に上昇させる。太陽表面の温度の数百倍である。

ぶつかった本体と周囲の岩石は、瞬時にして蒸発する。放出されるエネルギーは、ＴＮＴ火薬に換算して一億メガトンを上回ると思われる。ものの一分もしないうちに、クレーターができ上がる。直径一〇〇キロ、深さ三〇キロぐらいになったことだろう。その効果が、またたく間に地球全体に及ぶことはまちがいない。かくして恐竜は一気に絶滅の運命をたどったのではと、ストーリーを紡ぎ出したのである。

ただ数学ができたり、物理学が得意であっただけでは不十分である。むろん、数式が書け理解できなくてはお話にならないが、真に求められるのは、無味乾燥ともいえる数式を、天体の三次元像と結びつける能力ということらしい。いや、天体が静止しておらず運動していることを考慮すると、四次元像と表現した方が適切かもしれない。

最近になって、しろうとのわれわれはコンピュータグラフィックスの助けをかりて、宇宙の姿を何とか可視化するにいたっているものの、そんな道具立てなしに天空が「見え」なくては、天体物理学者は勤まらない。

しかも、それは鍛錬して培《つちか》えるといったものより、むしろ天賦の才であるらしい。むろん、思索をめぐらすための環境づくりというのは求められる。具体的に、恐竜絶滅の仮説を構築したミュラーも、思索はほとんど夜の間にベッドで行なったと告白している。そういえば、日本初のノーベル賞受賞者となった物理学者の湯川秀樹が、中間子説を考え出したのも寝床の中であった。

彼は寝間で思いついたアイデアを忘れないため、メモ用紙を枕もとに用意していたと言われている。リラックスすることが、想像力の自由な飛翔を促すのは容易に想像がつく。だが「本当の天才」ともなると、夜にならずとも日常の生活のなかですら、何にも拘束されることなく空想にふけることができるらしい。その結果として空前の大理論を編み出したというのが、アインシュタインなのである。

白昼夢と相対性理論

アインシュタインが二〇世紀初頭に、いわゆる相対性理論を提唱し、物理学に革命をもたらしたのは周知の通りである。しかもそれは、単に学問の一領域の刷新にとどまらず、宇宙観の転換であった。発表当時、すでにアインシュタイン・ショックが世界を席巻したことは、歴史的資料が示している。

かつてコペルニクスとガリレオによって地動説が唱えられ、ニュートンによって確立された既存の力学的世界を、根底からくつがえす観念の提唱であった。しかしそれは、また同時に、地動説や古典力学ほどは素人目に把握しやすいものではない。ショックが世界に流布したころから、難解でわかりづらいことも同じく有名であった。

むずかしい考えをたった一人で考え出し、しかも特殊相対性理論を発表した当時、ほかの物理学者との交流をもたなかったばかりか、研究者としての環境に生活していなかった（特許局の三級審査官というアマチュアの身分だった）点を見ても、アインシュタインの天才ぶりがよくうかがえるだろう。

その難解をもって知られた彼の着想の内容が、具体的にどういうものであるかをかいつまんでここで紹介するのは、たいへんむずかしい。また本題からはずれるので、そうする必要もないだろう。ただ、アインシュタインが思い描いた宇宙のイメージのみを掲げておくことにする。それが図4-2と図4-3である。

彼自身のイメージも、時代と共に変化していっている。初期のものが図4-2、後が図4-3というわけである。はじめに確立した特殊相対論にあたるのが前者、それをより敷衍した一般相対論の世界が後者、と書いてもよいかもしれない。

要は、ニュートン的世界とまったく異質な空間を思いついたことだけを、把握していただけ

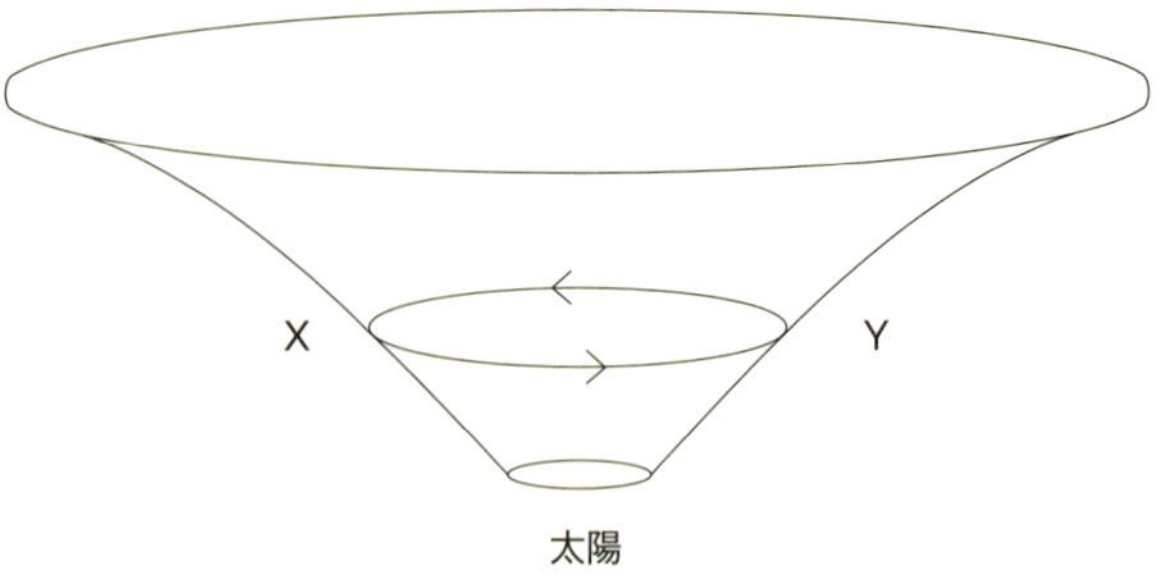

図4-2　初期のアインシュタインの宇宙観

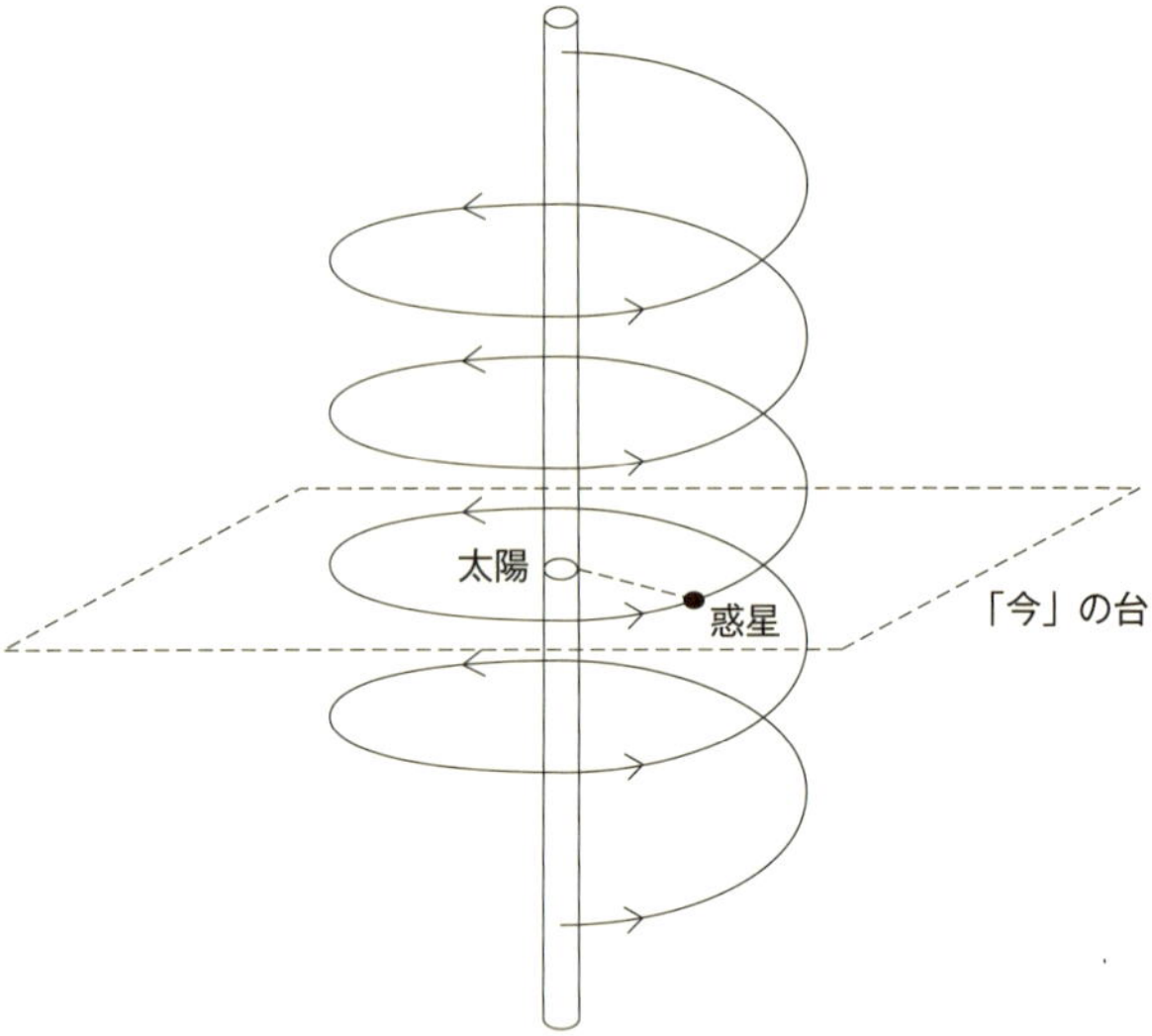

図4-3　修正後のアインシュタインの宇宙観

れば十分である。単純化して表現すると、アインシュタインの世界では空間が彎曲しているのだ。図4-2で、太陽をいわば底の口のようにして、そこから上方にロート状に拡がる曲面――この面こそが、彼にとって太陽のまわりの時空であるという。私たちが日常想定している、たて・よこ・高さという自由に動き回れるスペースとは、似ても似つかない、その面の上（たとえばXとかY）の点に、太陽のまわりの惑星は位置することになる。各位置を示す点の間を移動するには、必ず曲面を伝って動かねばならない。

それは、日本から地球の裏側にあたるブラジルへ旅をする場合に、何かしら似ているかもしれない。最短距離を取るならば、地球の内部を突っ切って反対側へ抜ければよい。けれどもそれは、物理的に不可能である。地表に沿って動かねばならない以上、どんなにがんばったところで、軌跡は彎曲した形にならざるを得ない。

同じように、惑星が図4-2においてXからYへ移動する際にも、ループを描かざるを得ないのだと、アインシュタインは考えた。つまり惑星のような小さな物体が太陽のまわりを回るのは、ニュートンが主張したように、互いに引力によって引き合うからではないことになる。

さらにアインシュタインは、この解釈でも満足しなかった。彎曲しているのは空間にとどまらない。時間も彎曲するが、図4-2にはそれが示されていない。それどころか、惑星の運動に本当に貢献しているのは、空間ではなく時間の彎曲の方であると、彼は思うようになった。それを表したのが図4-3である。

彼の抱いたイメージを絵にするのは、たいへんむずかしい。そこで、太陽の時間の流れのなかでの存続を、敢えて縦につらぬく一本の太い柱のように描くことにする。そこへ、図4-2のXとYへの惑星の運行を加筆すると、今度は時間に沿った移動であるため、先ほどのように閉じた円にならず、バネ状の螺旋となる。

このような宇宙の、ある時の私たちというものを考えると、それは「今」と記された平面だとみなすことが可能となる。私たちは、こんな平面に乗っかっていて、時間の経過と共に平面はエレベーターのように上昇していく。

上昇していく過程で、平面がバネ状の螺旋と交わる点――そここそが、私たちが、その時々に惑星を観測する位置となる。交点の軌跡を平面のなかで常にみることが、現実に目にする天体の運行の認識と等価なのだと、アインシュタインは考えたのだった。

くり返し書くが、彼はこのアイデアを独創的に、かつ通観して紡ぎ出した。いや夢想したと表現した方が実際に即しているかもしれない。というのも、自伝の中で告白しているように、彼には、日中でも我を忘れ現実から離れて、白日夢に浸る習癖が本当にあったからにほかならない。おそらく、ボーッと自失状態で長い時を過ごすことが珍しくなかったのだろう。周囲からすれば、ただの怠惰とも映る生活態度が、相対性理論を育む温床だったのである。

なぜアインシュタインはアインシュタインになれたか

ただし、そのボーッとしている理由は、エジソンの場合とは異なる。同じようにボーッとしている風に見えても、実はいろいろあるのだ。

アインシュタインの「超天才」ぶりの原因を探る試みは、今まで枚挙にいとまのないほど報告されているものの、私のような指摘はなされてこなかったようだ。たとえばそのものズバリ、『アインシュタインはなぜアインシュタインになったのか』という科学史家の手による本が出ている（金子務著、一九九〇年、平凡社）。いかにも魅力的なタイトルである。だがそこに記されている、幼少期の知力形成への影響力を発揮したものとして列挙されている条件を見ると、

（一）家が電気工事店のようなものを営んでいたので、発電、送配電、電気設備といった面での家の中での日常的討論が知的覚醒をうながした

（二）理科系に関して進取的なカリキュラムを備えたエリート向け進学校で学んだ

といったような項目があるだけで、いかにも凡庸の感を免れない。

あげくの果てに「家庭・学校環境は不世出の物理学者を育てるのに理想に近いものだった」と言われても、それでは電気工事店の子息で九歳になってギムナジウムへ通ったら、みんなアインシュタインみたいになるのかと、反論したくなるだけである。

しかも学校でも、彼は決して秀才ではなかった。それどころかことばはたどたどしく、同級

生から「のろまな奴」と呼ばれ、クラスでは異端児扱いされていた。暗記しなければだめな科目は成績が悪く、学校の詰め込み教育とはまったくそりが合わなかった。

彼の方でも、教師のことを軍隊の鬼軍曹のようだとののしり、何かにつけ楯ついた。そして結局、学校から、「お前がいるだけで私の権威が損なわれる」といって退学をすすめられる始末であった。要は、劣等生に等しかったのである。その環境が彼にプラスに作用したなどと論ずるとは、「アバタもエクボ」もはなはだしいと言わざるを得ないだろう。

落ちこぼれていた幼少期

しかも劣等生になったのは、ギムナジウム入学に始まったことではない。生まれてこの方、一貫して落ちこぼれであったことが、冷静に記録を通覧すると見てとれるのである。

そもそも幼少期から、口が遅かった。なかなか話し出さないので、両親は医師に相談したことがある。また話すようになったのちも、口数は少なかった。

無口なので、同じ年ごろの子どもとまじっていると、一般におとなしいという印象を与えがちだった。心のやさしい子と思われがちだったけれども、実際はまったく正反対であることを家人は熟知していた。非常なかんしゃく持ちであったのである。

とりわけ、三歳ほど歳下の妹のマヤは、その矢面に立つ羽目になった。彼女めがけてボウリングのボールを投げたのを、辛うじてよけたこともある。彼女が大ケガをせずにすんだのは、アインシュタインが爆発する前に予兆をすばやく読みとって、逃げ出すすべを心得ていたからにすぎない。

それでも、彼の顔色がピンクから黄色に変わったのに、よそ見をしていて気づかず、庭仕事用の鍬《くわ》で頭をなぐられたことがあるという。長じて熱心な非暴力主義者となり、ハエさえ叩かなくなった兄を評し、「思想家の妹になるには、がんじょうな頭蓋骨が必要」と彼女は皮肉を述べている。

六歳で小学校に入っても、教師はアインシュタインを知能が遅れているのではと、心配している。その理由としては、

（一）なかなか他の子どもとなじまない
（二）スポーツにまったく関心を示さない
（三）暗記がほとんどできない
（四）質問されても決してすぐに答えず、必ずちゅうちょする。答えたあとも声を出さずに唇を動かし、回答を反芻《はんすう》する。

といったことが挙げられている。

得意な科目は数学とラテン語のみ、あとはからきしダメだった。だから、この学校生活に、先述の本のような形で超天才の片鱗を見出そうとするのは、まさに「ひいきのひきたおし」に

すぎない。

敢えてほかの子どもよりすぐれている所を探ると、関心を持ったことへの集中力のすごさだろうか。やはり妹のマヤの回想によると、小学生時代、トランプのカードで家を組み立てていく遊びをした際、ほかの子どもでは通常、四階ぐらいまで高くするとつぶれてしまうのに、兄は一四階まで作り上げたことがあったという。

脳障害の証拠

アインシュタインの天才の秘密を探ろうとするのは、科学史家に代表される文献学者にとどまらない。脳科学者も巻き込んでの一大潮流となって、今日に至っている。

それというのも、一般には偉人と呼ばれる人物がいったん死亡するや、あとは史実として残る記録を手がかりに、その人物の行跡をたどるしかないのが通常であるのに対し、彼の場合、脳がそっくり保存されていたからにほかならない。そこで、天才脳の特徴を探ろうとする試みが止むことなく継続しているのである。

アインシュタインが永眠するのは、一九五五年の四月のこと、大動脈瘤破裂で七六歳の生涯を閉じる。だが、生前すでに、彼の脳と天才の秘密について興味を持っていた医師が少なくなかったらしい。

彼らは死後、ただちに息子のハンス・アインシュタインに同意を求め、脳と目を保存したのだった。ただし、これは公にされることはなかった。その存在が脚光を浴びるのは、マスコミによって報じられた一九七八年のことである。そして以降、何人もの医学者がアインシュタインの脳の分析に挑戦してきた。

手法そのものは基本的に同一である。彼の脳を細かく切り刻み、あるいは各部位の大きさを計測して、対照とされている脳のサンプルと比較を試みていく。対照となるのは、いわゆる凡人の脳である。それらと比べて、きわ立った差異があれば、それこそ天才の根拠となる、という単純な論法であった。

ところが、くり返しくり返し誰がトライしても、はかばかしい成果が得られないのである。そもそも脳全体の重さをはかってみると、アインシュタインの脳重は一二三〇グラムであるのに対し、対照群の男性は一四〇〇グラムで、むしろアインシュタインの脳の方が軽い。また、思想や推論に重要な役割を果たしていると考えられている大脳皮質の厚さも薄い。

それどころか、ちょうど「つむじ」のあるあたりに位置する大脳の頭頂葉に関して、アインシュタインでは障害が発見されたのだ。一九九九年にいたっても、国際的に権威のあるイギリスの『ランセット』という医学系の学術雑誌に、「頭頂葉の異常を除いて、対照群の脳と何ら差は見出されなかった」と報告され、あげくのはてに「神経細胞同士が緻密に連係して、大脳の統合機能を高めた」のではないかと、苦しまぎれの推測を書く始末である。

なるほど、脳は小さいものの、調べてみれば単位容積当たりの密度は平均以上であるらしいのだが、だからといって、そうした特徴が知能の高さと正の相関を示すという証拠は、まったくない。やはり、「ひいきのひきたおし」にすぎない。

脳障害と学習障害の力

人間というのは、思いこみの激しい動物である。いったん、天才というのは凡人にない長所を付与されているものと思い込むと、心理面でも行動面でも脳についても、すぐれている面ばかりを見出そうとやっきになる。私には、この態度の誤りが、アインシュタインの天才の秘密を見すごす結果をもたらしてきたと感じられてしょうがない。

虚心に彼の行状と脳を眺めてみれば、両者は一致して一つの方向を指しているのではないだろうか。

彼は幼少時、ことばが遅く、落ちこぼれで劣等生だった。ギムナジウムを出たのちも、大学受験に一度失敗、さらに大学へ入ってからもまじめに授業に出ないため、教師にきらわれ、「なまけものの犬」と呼ばれていたという。だから卒業しても、同級生は大学に助手のポストを与えられたのに、彼は外へ放り出された。それで死後は、脳に障害が見出されたのだ。

さらに、日中もボーッとすることが多く、夢想癖が終生抜けなかった。ところが、その夢想によって、それまで誰も考えつかなかった理論の着想を得ている――これらの事実を素直に結びつけると、脳に障害があって、知的にハンディキャップがあったからこそ天才になったとみなすのが、いちばん無理のない筋書きに思えてくる。

しかも、私のストーリーは決してフィクションにとどまらず、裏づける証拠がある。アインシュタインの脳に発見された障害のあった頭頂葉は、ことばを一時的に心の中にプールして、ものごとを言語によって処理する際に非常に重要な働きをすることが、近年、明らかにされているのである。彼は、そこの神経細胞が働いていなかったらしい。障害が遺伝によるのか環境要因なのかは不明であるものの、いずれにせよ生まれてまもなく、すでにそうだったようである。

ワーキングメモリーという考え方

ワーキングメモリーという概念は、比較的最近になって作られたものなので、一般にはなじみが薄いことだろう。作動記憶とか訳されることが多いものの、何のことやらもう一つはっきりとしない訳語なので、英語のまま使うことにしよう。

記憶というと、短期的なものと長期的なものに分かれるという考え方は、普及している。私たちは非常に古いことでも、しっかりと覚えているものがある。これが長期記憶。他方、昨日の夜に出た晩ご飯のおかずが何だったかは、今は覚えていても三月もたつと忘れてしまう。こ

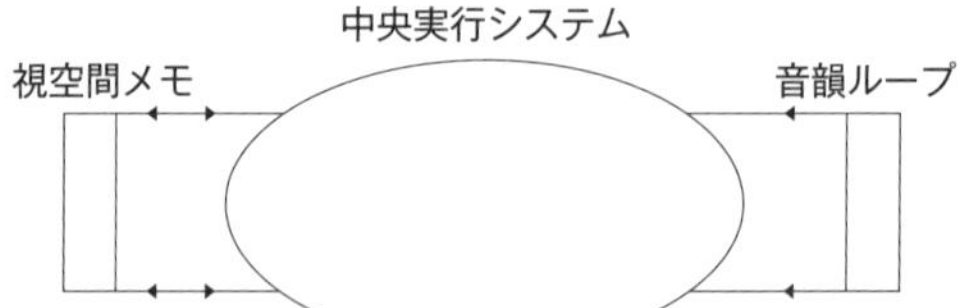

図4-4　従来提唱されてきたワーキングメモリーの概念モデル

れが短期記憶である。

ところが、この二種とは別のタイプの記憶があると、みなされるようになってきた。たとえば、Aさんに電話をかける必要ができたとしよう。自分は番号を覚えていない。けれども、そばにいる友人のBさんは知っているとする。そこで尋ねて、教えてもらう。耳にして、諳じたままでプッシュホンのボタンを押す……。

電話をかける間だけ、番号を心の中に貯えておくことができる。記憶を必要とする作業が終了するや、きれいさっぱり忘れてしまう。これがワーキングメモリーである。

耳から入る情報ばかりではない。眼からの情報についても、同様のことが私たちにはできる。カフェに入ってケーキセットを注文するとしよう。ウェイトレスが「どのケーキになさいますか」と尋ねる。何種類からか選べるらしい。「テイクアウト用のウィンドウに並べてあるから、見てきてはどうか」と言われる。そこで、歩いていって吟味したあと席に戻り、彼女に伝える……。

伝えるまでの間だけ、ウィンドウのイメージは脳裏に焼きついている。そして、ほしい品を伝えるや、イメージは消失してしまうことだろう。このような作用を図式化したのが、図4-

4である。

私たちの心の中には、必要に応じて、耳からの少量の情報なら作業を遂行する間のみ、それを反芻できる「ループ」がある。そのなかで音がグルグルとくり返し回ると考えてよい。音の貯蔵庫である。また視覚イメージを保存しておける「メモ」がある。そしてループとメモは、「中央実行システム」にリンクしている。

中央実行システムとは、先ほどのエピソードに戻るならば、電話をかけたりケーキを注文したりする行為をコントロールしている部位と、理解して差し支えない。主体の意志決定をになっているわけで、複雑な機能を果たしている。その両輪が、ループとメモという単位なわけである。

しかも、図4-4の図式は、単なる模式にとどまっているのではない。脳の機能が実際、かなりのところこのように動いていることが、判明しつつあるのだ。その最たる部分が、「ループ」の実体解明にほかならない。

ループの障害とメモの機能亢進

では、私たちが聴覚情報を一時的に、どこに貯えておくのかというと、実は頭頂葉であることが明らかとなってきた。まさに、アインシュタインが障害を負っていた脳の箇所なのである(図4-5)。ここが働かないと、耳で聞いた内容を反芻するのが困難となる。

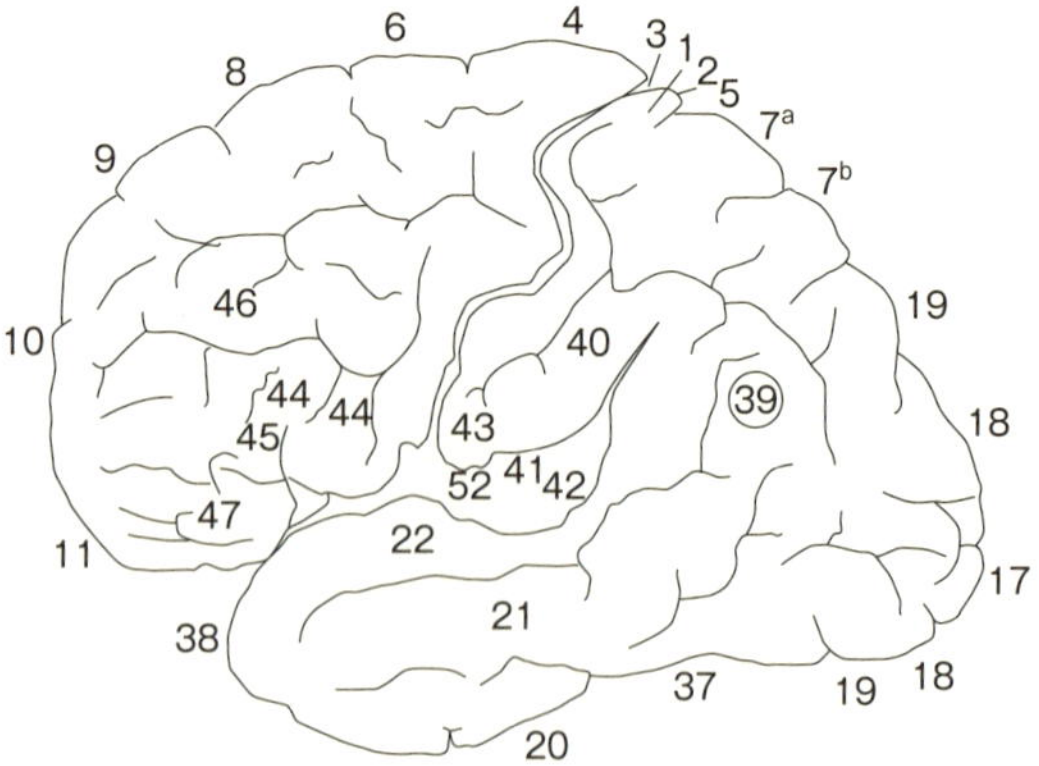

図4-5　ヒトの脳は、ブロードマンという研究者によって、細胞の種類ごとに詳細な地図が作られ、番号がふられている。アインシュタインはこのうち、丸で囲った39の箇所に障害を持っていた。

こう考えると、アインシュタインの子ども時代の疑問が氷解する。なぜ暗記が苦手だったのか、自分で口にしたことをくり返し、つぶやいたのか。そもそもどうして、ことばの発達が遅いのか……。

彼のような障害は、決して珍しくない。音というのは当たり前であるが、一瞬響いたかと思うと、すぐに消えてしまう。それを貯えられないと、ことばによるコミュニケーションでは、かなりやっかいなことになる。ループというのは考えようによっては、脳のシステム全体のなかでは、低次の単純な仕組みの部位といえなくもない。けれども、それが働かないと、たとえほかの高次機能（たとえば中央実行システム）に何の障害がなくとも、ことばに不自由することになる。学習障害の症例のかなりのものが、こうした範疇にあるものと今では考えられている。

だから、アインシュタインも典型的な学習障害児であったと思われる。

しかし、である。障害があるから、それで障害がない場合より能力的に劣るのかというと、そうは一概に決めつけられない。

生物の体というのは、大層柔軟にできている。私たちの脳も、例外ではない。ワーキングメモリーにはループとメモが備わっているが、そのうちループが作動しないとどうなるかというと、システム全体はメモに通常以上に依存するようになる。そのため、メモの機能が尋常以上に拡張するのだ！

平たいことばで言うと、音の貯えができないために、視覚イメージのひらめきに卓越した能力が開花することとなる。

本人の苦悩

端的に、健常人は通常、聴覚を介して入ってきた情報に関しては電話番号がそうであるように、しばらくの間、それを反芻することができるが、視覚情報については、同じことを実行するのがたいへんむずかしい。だから先ほどのエピソードに即すると、ショーウィンドウの中のケーキを脳裏に焼き付けておこうと努力しても、数メートル離れた座席へ戻る間ぐらいが関の山で、すぐにイメージは消失してしまう。

ところが、音韻ループが障害により通常のように働かなくなると、視覚情報のためのループができ上がることがある。目で見たイメージが、グルグル回るのだ。それに気をとられ、ボーッとしてしまう。

それればかりではない。健常人は「ブタ、カバ、ハコ」という単語を続けざまに耳にすると、それを記憶にとどめるばかりでなく、情報の加工ができる。たとえば、三つの単語の語尾の音を順につなぎ合わせると、「タバコ」になるというような認識が行なえる。しかし同じ作業を、目で見た情報に施そうとしても、まず不可能に近い。

ところが、音についてのループがないと、視覚イメージを思いのままに操作できるようになって行くらしい。喫茶店の店内の様子を目にするや、それが心に焼き付くばかりでなく、店内の情景を心のなかで自由にあやつって、実際に存在しなかった人物を店内の席に座らせたり、人と会話させせたりできる。

そして、もうおわかりのように、この能力こそ、アインシュタインがそれまで誰も思いもよらなかったような宇宙の姿を作り出すことができた、その能力の根っこを成しているのである。彼は幼少時に負っていた脳の障害を克服して偉業を成就させたのではなくて、障害を負っていたゆえに、偉業を成し遂げることができたのだといえよう。

もっとも、彼自身は、そういう認識はみじんも抱いていなかった。彼は晩年、幼少期を振り返り、「自分は三歳までことばを発しなかった」という意味の述懐をしている。これは、今もなお世間に広く流布しているエピソードである。

だが、周囲の証言によれば、確かに口は重たかったものの、そんなに遅いということはなかったことが判明している。そもそも彼の障害は、基本的にことばの理解にまつわるもので、話すこと自体にはないのだ。また彼が、三歳以前の自分について記憶をもっていたことも、はなはだ疑わしい。

では、どうしてそんなことを言ったのか。アインシュタインによれば、「自分は赤ん坊のころ、意味の通らないカタコトのようなおしゃべりは自主的に控えた」のだと語っている。ある意味で、長じて天才とほめそやされるようになった自分の偉大さが、生来備わった資質であることを匂わせようとする、子どもじみた言動といえよう。

しかし、その根底にあるのは単に子どもじみた自慢ばかりでなく、そう装わざるを得ないまでに、ことばの能力についての負い目を彼が感じていたという事実であるように、私には思えてならないのだ。

第5章　外国語のできないレオナルド

レオナルド・ダ・ヴィンチ。一四五二－一五一九年。イタリアのルネサンス期を代表する万能の人物。絵画や彫刻、建築などだけでなく、科学技術のさまざまな分野においても、同時代の水準を凌駕する巨大な足跡を残した。名前は、「ヴィンチ村のレオナルド」の意。

『神々の復活』と京大式カード

私が高等学校へ入学した一九七〇年ごろ、ベストセラーになっていたのに『知的生産の技術』という本がある。岩波新書の一冊で、著者はそのころ気鋭の文化人類学者だった梅棹忠夫である。おそらくこののち連綿と売り出されていく、『知的生活の方法』とか『超勉強法』とかいうハイブローなハウツー本の走りといえるだろう。

試みに今度、岩波新書の図書目録を調べてみると、いまだに在庫があることがわかった。青色の表紙で刊行されていた第一期のシリーズは今やほとんどが絶版になっていて、十数点のみが残る、その中に入っている。さすがと思って、私も手元にあったものをいつか失くしていたので書店を回ったものの、実際に置いてある店は皆無だった。図書館へ行くと、閉架図書となって書庫の奥深くしまわれていたのを、司書の人が持ってきてくれて、ようやく対面することができる始末であった。

だが一九七〇年代は、この本を読んでいなくては「教養人」でないというような風潮があった。むろん、まだ「教養」ということばが、良い意味の鮮度を保っていたころの話である。本の〝売り〟は、特別なカードを用いた独特の資料の整理法、あるいは思考法にあった。梅棹氏が考案した大型サイズのカードで、入手した情報とか思いついたアイデアをここへ書き留めて保存するのである。その時その時の思いつきをこうしてメモしておき、あとで整理すると、断片的な発想のモザイクのなかから予期せぬ体系が創発すると梅棹氏は書いていた。

「京大式カード」と命名されていて、丸善でのみ買うことができた。一〇〇枚でたしか一八〇円だった、と記憶している。値段まで覚えているのはほかでもない、みんなが争って梅棹氏の技法を真似していたからで、学術書を読む際には必携であった。改めて今回読み返してみたが、ＩＴ機器がこれだけ普及してしまうと、なんとも古色蒼然とした印象があるのは否《いな》めない。京大式カードは、今でも売られているのだろうか？

それはさておき、梅棹氏のこの書物の冒頭に登場するのが、レオナルド・ダ・ヴィンチの手帖のエピソードなのである。そもそも、梅棹氏がどうして京大式カードを考案するに至ったかというと、レオナルド・ダ・ヴィンチが「メモ魔」だったことに深く感銘を受けたからだ、というのである。

彼がまだ学生のころ、岩波文庫の『神々の復活』という小説を読んだのだという。メレジュコーフスキーというロシアの小説家の、レオナルドを主人公とした長編である。分離していた魂と身体がやがて統合され救済に至るという、宗教的色彩のたいへん強い、一種の自己形成ロマーンと分類できるだろう。戦前の教養主義のバイブル的存在であった、倉田百三著の『出家とその弟子』のロシア版というところか。第二次大戦前にのみ出版され戦後は復刊されていない。戦前の旧制高校や大学生ならではの愛読書といった本である。

本編を書くにあたって探してみたら、日本の大学では唯一、私の勤務する大学の総合人間学部の図書館が保有していた。四分冊という大部である。ただ貸し出し記録を見て、今でも四―五年に二度、借りている学生がいるのには少し驚いた。

鏡文字のメモ

むろん戦前には、自己の精神向上ということが学生の日常生活の最大のテーマであったのだから、争って読まれたことだろう。梅棹氏とて例外ではなく、そこで「かた時もメモ帳を肌身から離すことのないレオナルド」に行き当たることとなったのであった。

古典的な西洋史観に従えば、ルネサンスは暗黒の中世の終焉にほかならない。レオナルドは文芸の復興をになう「万能の天才」として描かれている。では彼をして、そこまでの高いレベルの知的生産を可能にせしめたものは何かというと、メモを緻密に取ることにあったと、梅棹氏は『神々の復活』によって知る。そこで自らもレオナルドとなるべく始めたのが件の京大式カードだったわけである。一九七〇年ごろの日本においても、まだ学生にも自己を高めようという機運が残っていたからこそ、先を争って真似を試みたのだろう過去を振り返って思う。

いずれにせよこの本によって、私はそれまで「モナリザ」ぐらいしか知識のなかったレオナルドについて、単にアーティストとして以上に評価されているゆえんが、何万頁にものぼったとされる「手稿」によるという事実を知ることになった。彼がすでに空を飛ぶ機械の構想をあたためていたということがわかったのも、この資料が残っていたからである。

また、それと共にもう一つ、メモにまつわる不可解なナゾも知ることとなった。レオナルドはすべての記載を、鏡文字で記していたという事実である。つまり鏡に映してはじめて正しく見えるように、鏡映反転させた形で文字をいつも書いていたのである。むろん文章は、まるでアラビア語のように右から左へつづり進められていく。

もっとも梅棹氏自身は、『知的生産の技術』のなかで、鏡文字については一切ふれていない。それにもかかわらず私がこの事実を知ったのは、高校時代の友人のなかに、京大式カードを使って、しかもレオナルドと同じように鏡映反転させてメモをつづっていく人間がいたからだった。その友人は梅棹氏の著書に感銘したあまり、レオナルドを真似て、同じ行為を習慣化しようと思いたったのだった。

「なんて酔狂な」と、私たちはひややかに眺めていたものの、本人はいたって大まじめで、しかも感心することに、何の困難もなく書き進めていく。私は彼を偶然にも幼年時代から知っていて、昔からとてつもなく変わり者で通っていたので、たいして驚きはしなかった。今になって振り返ると、その友人とレオナルドは、実に共通した障害を背負っていたことに思い至るのである。

なぜ鏡映反転なのか

レオナルドが手稿をどうして、鏡文字で書いたかについては、むろん昔より多くの識者の関心を集めていたようだ。ただし、決定的な答えが出たということは、なかったらしい。

一つの有力な解釈は、彼が、自らつづることの内容があまりに革命的であることを自覚していたため、他人に読まれては無用の警戒を呼ぶと考え、自分にしかわからないようにつづったというものである。けれども、それならば鏡をあてただけで判読できたのでは、およそ防止策としては脆弱《ぜいじゃく》である。暗号のように書く方が合理的であるし、レオナルドがそこまでの自意識を抱いていたという証拠も乏《とぼ》しい。

もう一つは、彼が将来、書いたものの出版を希望していたという解釈である。当時は本の印

図5-1　レオナルド・ダ・ヴィンチが手稿に記した空を飛ぶ機械のスケッチと、それについてのメモ

刷技術が急速に普及していた。そこで、刷りやすいように初めから反転して字を書いていたのでは、というのだ。だが、これも説得性に欠ける。最終的に、レオナルドの手稿が彼の生前に公刊されることはなかった。それどころか彼は、どういう形のものであれ書物を出版することはなかったのである。くり返すが、当時、イタリアでは本の出版はかなり流布しつつあった。彼が望めばできなくはなかったと想像されるが、彼は結局そうしなかったのである。

そもそも彼が、メモをそのまま他人に読まれることを想定して書いていたとは、かなり信じがたい話なのである。というのも、そこに書かれている内容を読んでみると、なるほど飛行機のアイデアを記した図5-1のような箇所は有名であるが、一方で、訳のわからないことも山のように書いている。

生涯にわたって記したものは五万頁にも及ぶ。また情報は断片的で、しかも絵が描き加えてある場合にも、その絵と文字の内容がまったく一致しないことも少なくない。つまり、彼の心のなかにあふれ出てくる想念を、ただあふれるままに文字化したと考えざるを得ない手稿といえる。では、なぜ鏡文字なのか。

歴史家や科学史家は、神経心理の知識を持ちあわせていないので見逃しがちなのだけれども、明らかにレオナルドには脳に障害があった痕跡が認められる。その端的な徴候として、メモをとらえることができるのだ。

坂田三吉と同様、いわゆる読み書き障害と言われる、学習障害の一種であると思われる。彼は文字を読むのに困難を感じていた。だから、正しく字をつづろうとすることに不自由した。それで、ああ書くしかなかった。つまり、敢えて反対につづろうと工夫していたわけでなく、上手く書こうとすれば反対にしか書けなかったという方が真実に近い。

文字の定位への障害

実はこういう障害を持っている人はさほど珍しくない。脳の頭頂の部位が機能していないことに由来すると考えられている。

この領域は文字のような視覚情報を、上下左右について適切に方向づけて知覚することを、主な役割の一つとして担っていることがわかってきている。だから、ここが働かないと、「あ」という文字を目にしてもそれを「あ」と文字通り「文字通り」にとらえることがむずかしくなる。では、どう映るかというと、図5-2のような四通りの見え方が起こる。どの見え方もが、

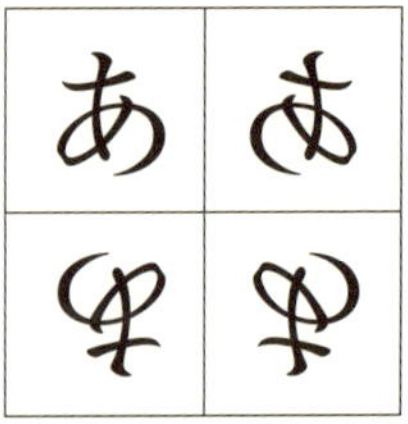

図5-2　文字の定位に障害が生じると、「あ」というひらがなの見え方には四つのパターンができてしまう

同じ確率で生ずると考えられている。

むろん、「あ」と見えることもある。しかし、それは全体の二五パーセントにすぎない。健常だと一〇〇パーセントそうであることを考えると、四分の一の割合でしか適切に認識できない。だから健常であれば当然、そのようにしか見えない見え方をまずマスターする必要に迫られてくる。つまり、「あ」はほかの三通りの見え方でなくて、「あ」が正しいんですよという条件の絞り込みという、健常なら必要のない操作をすることになるわけである。

しかも私たちは、文字というものを個々に単独で見るわけではない。文字が順に配列された単語に対し、それが認識できねば言語理解はおぼつかない。ここでも定位の障害が響いてくる。

頭頂葉に障害があると、単語のひとつひとつの文字が踊り出す。「りんご」と書かれてあっても、三つの「り」「ん」「ご」がそれぞれ、逆立ちしたり、裏返ったりして目に飛び込んでくる。適切にとらえられるのは1／4×1／4×1／4の確率、すなわち六四回に一度のみということになる。

学校教育の発達した今日、私たちが文字を読んだり書いたりする機会として初めて接するのは、ふつう小学校へ入学した時だろう。先生が授業時間に、「りんご」と板書し、「さあ読みましょう」とか「さあ同じように書きましょう」とか言う。健常であるなら、さほど困難を覚え

郵便はがき

料金受取人払郵便

京都北郵便局承認

8138

差出有効期間
2020年12月31日まで

切手は不要です。
このままポストへ
お入れ下さい。

603-8789

028

京都市北区紫野
十二坊町十二―八

北大路書房
編集部 行

（今後出版してほしい本などのご意見がありましたら，ご記入下さい。）

《愛読者カード》

書 名	
	購入日　　年　　月　　日
おところ	(〒　　　－　　　)
	(tel　　－　　－　　)
お名前（フリガナ）	
	男・女　　　歳

あなたのご職業は?　○印をおつけ下さい

(ア)会社員　(イ)公務員　(ウ)教員　(エ)主婦　(オ)学生　(カ)研究者　(キ)その他

お買い上げ書店名	都道府県名(　　　　　)
	書店

本書をお知りになったのは?　○印をおつけ下さい

(ア)新聞・雑誌名(　　　　　)　(イ)書店　(ウ)人から聞いて
(エ)献本されて　(オ)図書目録　(カ)DM　(キ)当社 HP　(ク)インターネット
(ケ)これから出る本　(コ)書店から紹介　(サ)他の本を読んで　(シ)その他

本書をご購入いただいた理由は?　○印をおつけ下さい

(ア)教材　(イ)研究用　(ウ)テーマに関心　(エ)著者に関心
(オ)タイトルが良かった　(カ)装丁が良かった　(キ)書評を見て
(ク)広告を見て　(ケ)その他

本書についてのご意見（表面もご利用下さい）

このカードは今後の出版の参考にさせていただきます。ご記入いただいたご意見は無記名で新聞・ホームページ上で掲載させていただく場合がございます。

お送りいただいた方には当社の出版案内をお送りいたします。

※ご記入いただいた個人情報は、当社が取り扱う商品のご案内、サービス等のご案内および社内資料の作成にのみ利用させていただきます。

ないものの、文字が踊っていたらどうなるか。ただただ困惑するばかりだろう。そして現にそういう経験をしている子どもが少なからず存在している。

　そんなに頻繁にこういうケースがあるということを信じられない方も、少なくないかもしれない。だが、事実があまり明るみにでないのは、当の子どもが困惑を口にしないからにすぎない。少し注意してみると、文字の読み書きが不得手な子を見つけ出すのに、さほど時間はかからないはずである。

　その典型が、いくら教えても鏡文字を書いてしまう生徒である。「り」を「り」とつづってしまう。さすがに「り」と書くことは、珍しい。それは文字をつづるにあたり、筆順というルールがあって、上下をさかさまに書くのは技術的にむずかしいことと関係している。けれども左右の反転は、定位障害があると抑えようがない。

　もちろん、学校教育がしっかりしている限り、子どもは誤りを犯すと、厳しく矯正されることとなる。先生に叱られ、テストの点数が悪く、親に叱られ、時間をかけて正しい書き方を習得する。

　しかし、矯正手段が欠けていたらどうなるだろう。我流のものが定着してしまう。それこそレオナルドの場合だった、と考えられるのだ。

家庭の躾の欠如

改めて彼の生涯を記すと、レオナルド・ダ・ヴィンチは一四五二年、当時のフィレンツェ共和国のヴィンチ村に生まれた。名前をそのまま訳すと「ヴィンチ村のレオナルド」となることから、最近は、簡略する時はレオナルドと表記されるようになっている。

母親はカテリーナという女性であるが、彼女はレオナルドを産むとすぐに家を追われている。しばらくして父のセル・ピエロは、フィレンツェの名門アマドーリ家の一六歳の美しい娘アルビエーラと結婚している。

実母に育てられない子どもというのは、人類の歴史のなかで珍しいことではない。ただしレオナルドに限っていうと、親とりわけ母親との交流が稀薄なままで成長したようである。

このことは最終的に生涯、彼の人生についてまわったのかもしれない。彼は終生、女性関係を持たなかったと言われている。

それはさておき、当面の問題としてレオナルドは、およそしつけらしいものを親から受ける機会がないまま育っていったし、それは障害のあった彼にとって、自分の流儀でハンディキャップを克服するしかないことを意味していた。文字をつづること一つをとってみても、自分が書きやすいように書くしかない。あげくのはてに、鏡文字に落ち着いてしまったのだと推測される。

彼をして、「万能の天才」という表現がしばしば用いられる。しかし、これはまったくの誤解といえよう。ルネサンスを暗黒の中世からの脱皮とする理想化の一端にすぎない。彼は決して万能でなかった。

それどころか、無口で弁論の術に欠け、また外国語の習得にいたっては、他人よりはるかに劣っていた。彼は生涯にわたり、非常に激しく移動をくり返した。おおまかに分けても、フィレンツェ→ミラノ→マントヴァ→ヴェネツィア→再びフィレンツェ→再びミラノ→ローマ、そして最後はフランスのアンボワーズで死んでいる。

またそれぞれの地に居を構えていた際にも、同じ所にじっとしていることは少なく、旅をくり返していた。この傾向も、障害から派生する多動とみなすことができよう。しかしながらさらに興味深いのは、それほどに旅を好みながら、彼はついにフィレンツェのことば以外を話せず一生を終えたという事実である。晩年を暮らしたフランスの言語はおろか、イタリア各地のことばもマスターしなかった。

誤解のないようにつけ加えておくと、イタリアが一つのまとまりある国として統一されるのは、ルネサンスよりはるかにのちのことである。

レオナルドの生きていたころは、各地方が一つの独立した国家を形成し、別の言語を用いていた。むろん言語が異なるといっても、日本語と英語のように、文法構造が根本的に違うわけではない。基本的に同一の文章の統語規則を持っているものの、語彙に差異がある、あるいは同一の単語でも発音が異なるという程度にすぎない。

ただし、敢えてそれを言語が違うと表現しても、さしてむちゃなことではない。そもそも今日のスペイン語・ポルトガル語・イタリア語だって、五十歩百歩の関係にあるからだ。スペイン語が話せれば、イタリアへ行っても自分の言いたいことを表現するのには、まず困ることはない。向こうは、訛りのおかしなイタリア語だな、というぐらいの態度で理解してくれる。それは、いずれの言語もそもそもは同一の体系に由来し、互いに交流が乏しくなるにつれて、おのおの独自性を発揮してきたからにすぎない。

そして、現在のイタリア語とスペイン語と大同小異の程度差で、やはり当時のイタリア各地の言語は違っていた。加えて、郷に入れば郷に従えという原則が通用することも、二一世紀であろうと一六世紀であろうと不変である。

だからたいていの人間は、たとえばフィレンツェからミラノへ移ると「ミラノ語」、あるいはこう書くことに抵抗があるなら、ミラノ方言を話そうと努めるのがふつうであった。また、所詮たいした相違ではないのだから、しばらくすると習熟するのがふつうだった。

ところがレオナルドは、それが全然できなかったという。

短期的語彙貯蔵の障害

当時は今ほど人の往き来がないから、おのずと異邦人は白い眼で見られる。ことばが違うのは、よそ者の何よりの証拠となる。それをわかっていても、レオナルドはミラノにとけ込めなかった。変なことばを使う外人としていじめられつづけ、彼はそれを鏡文字でメモにつづった。

ミラノにとどまらない。彼は頻繁に旅をしたけれども、どこにいってもコミュニケーションに不自由し、順応しなかった。あげくのはてにイタリアに居場所がなくなり、フランスへ行く。フランス語と、フィレンツェやミラノで話されていた言語とは、おそらく熊本弁と名古屋弁ぐらいの差があるとみなしていいのでは、と私は考えている。それに対してイタリアでの言語の多様性は、九州弁の多様性に等しいかもしれない。

むろん九州弁も自由に使いこなせないレオナルドに、名古屋弁をマスターできるはずもなかった（ふつうのイタリア人は、フランス語ぐらいすぐに話せるようになってしまう）。フランスへ移ったのちも、彼はことばのコンプレックスに悩み続けた。語学の劣等生のコンプレックスのうちに死んだのだった。これで「万能の天才」と、どうしていえるだろう。でもなぜこうなったのか？

十中八、九まちがいなく、彼は耳にしたことばをしばらくの間、心にとどめるという操作ができなかったからだと想像される。私たちが話し相手から向こうの電話番号を教わって、実際に電話するまでのほんのしばらく反芻するというような行為が、不可能であったのだ。

だからこそ、彼は一生にわたり膨大なメモをとりつづけた！　心にとどまらないのは他人の声ばかりでない。自分の声もしかり。つまり彼は、自分で何か心にひらめいても、それを脳裏に刻みつけることができなかった。放っておくと、ひらめきはすぐに消え去ってしまう。それゆえ、メモする習慣を身につけた。

さらに、「万能の天才」であるレオナルドは暗算ができなかった。たとえば二五かける三という簡単な計算をイメージしてみよう。まず三と五をかけ一五という値をはじき出す。一くり上がる。次に三と二をかけて六。六と一を加えて七。だから一〇の位は七で、一のくらいは先の五を持ってきて、七五という答えが導かれる。

ところが、心に自分の声を一時的に貯めておけないとどうなるか。

一のくり上がりを、覚えておくことができなくなる。三かける二の六をはじき出しても、それにいくら加えればいいのか迷う。さらに一〇の位の値が出たころには、もう一の位の値がいくらであったかを忘れてしまっている。ちなみに、アインシュタインも計算は大の苦手で、まちがってばかりいたという。相対性理論は思いついても、九九はできないのだ。

もうおわかりのように、レオナルドとアインシュタインは不得手なところがたいへん重複している。音韻の短期貯蔵ができにくい。おそらく、脳の障害もかなり類似の箇所にあったと思われる。頭頂葉――そこの重要な役割の一つは、私たちの視空間認識を可能にするという事実がわかっている。具体的には左と右の区別、上下関係の見きわめである。それゆえ障害が生ずると、眼に映るパターンの周囲にある背景との、上下左右の関係の認識が定かでなくなってしまう。

ところが生物というのはよくできたもので、少々視空間認識に支障があっても、ふつうに生きていく分にはさして問題とならない。ただ細かな見きわめを迫られると、問題は途端に顕在化する。端的に、不自由さは文字を判別する際に生じてくる。〝p〟か〝q〟かが、区別できなくなる。それを無手勝流に克服しようとすると、レオナルドのように鏡文字で書くのが当たり前、ふつうに書く方が特別な気づかいを必要とする、というようになってしまうのだ。

現にレオナルドも、他人に読まれることを前提にしてこしらえた文章では、正しい文字遣いを用いている。後半生のことで、そのころには、自分の普段の書き方が逸脱したものであることぐらいは理解できるようになっていた。だが私たちも経験するように、いったんついた「変な癖」は、そうやすやすと矯正できるものではない。

彼がメモを、将来の印刷を考えて鏡映反転させて書いたなどというのは、まったく見当はずれの解釈である。誰にも見せないことを確信していたからこそ、レオナルドは安心して、自身のいちばんやりやすいように書きなぐっていたのである。

ブレーン・ストーミングの先駆け

アインシュタインもレオナルドもそうであったように、計算が苦手なことや読み書きに不自由することが、彼らの才能の開花の妨げとならなかったことは注目に値するだろう。

ひところの日本では、子どもの「学力低下」論議が大流行となった。文部科学省の「ゆとり教育」の反動で、やっぱり少しは「詰め込ま」ないと子どもは「バカになる」と言わんばかりの風潮が目につく。では具体的に何を教えるのかというと、読み書き計算というのが勉強の原点として見直されつつあるようだ。

しかし、ひょっとすると本当の学力というのは、漢字を正しく多く書けたり、英語のむずかしい本が読めたり、計算がまちがいなくできたりすることとはあまり関係していないという事実を、二人の障害は示唆しているのかもしれない。

彼らは今の学校制度に即すれば、明らかに落ちこぼれだった。ただし落ちこぼれていても、苦手な分野について他人に追いつこうとはしなかった。レオナルドに関すれば、むちゃくちゃなつづり方で文字を書いて平気だった。あるいは、むちゃくちゃと気づいた時は、もう正すには遅いという境遇で育った。ただ彼は自分が、他人から聞いたこと、あるいはもっと大事なことは、自分で考えついたことをすぐに忘れてしまうのに気づいて、それを惜しむ余り、常にメモをとることで補おうと思いついた。

何でもかんでもあらいざらい記録しておいて、あとで読み返して、「ほう自分はこんなことを考えていたのか」と感心することで、アイデアを洗練させていった。結果として、それが今でいうブレーン・ストーミングという知的作業の発明につながった。二〇世紀も後半になり、梅棹忠夫が日本で『知的生産の技術』を出したころ、実際にはそれに先んじて同じようなことを考えていた組織がアメリカにあった。NASA（アメリカ航空宇宙局）の科学者のグループである。

当時の彼らに与えられた使命は、ソ連より早く人類を月へ到達させることにあった。いわゆるスプートニクショックでソ連に遅れをとったアメリカ政府は、追いつき追い越すためにNASAの尻を必死でたたく。そこで彼らが考え出した知的方法論は、実は梅棹の考案したそれと酷似しているのだ。

ロケットを意図するように打ち上げ、運行させるには膨大な数の科学者がプロジェクトに参加することになる。気の遠くなるような工程が介在する。それをどう能率的にマネージするかによって、ソ連を追い越せるかどうかの成否がかかっていることに、NASAは賢明にも気がついたのだった。

彼らは、各工程を組織化する工夫が不可欠なことに着目した。そこで実践したのが、それぞれを一枚のカードにまとめ、あれこれカードを動かして配置を工夫するという手法だった。

頭の中だけで思索していると、どうしても先入観にとらわれてしまう。だがメモにして可視化すると、いろいろ並べて見比べているうちに、思わぬパターンがあることに気づく。そうこうしていくうちに、いちばん時間を浪費することのない作業過程のデザインができ上がっていく。こうすることで、ソ連の科学者より、格段に無駄のない研究組織の効率的運営に成功し、目的を達成した。その先鞭をつけた者として、レオナルドを位置づけることができるのだ。

いちいち知っていることを字にするのは、一見してなんとも無意味な作業ととれるかもしれない。けれどもメモにしてみると、思いもしないような工程が結びつくことがある。それは、ある時に個人がある状況で思いついたイメージと、またまったく異なる文脈でひらめいた着想を、ドッキングさせることと等しい。私たちは、なまじ自分の思いつきを忘れないので、その思いつきを可視化（文字化）することをさぼり、結局新しい発想を得る機会を持てずにいる。

しかしレオナルドは、何でも文字に書きつけねばならなかった。そして書きつけねばならなかったゆえに、四世紀ののちＮＡＳＡが成功したごとく、他人には思いつかない着想を次々と得ていったのである。それを抜きにして、空飛ぶ機械をはじめとする多岐にわたるアイデアを彼が思いつくことは、とうてい不可能であったと思われるのだ。

レアリズムの誕生

さらにレオナルドが学習障害であったことは、アーティストとしての彼の活動にも多大な影響を及ぼしている。というか学習障害であったことによってこそ、彼は従来の美術界に類のない存在となり得たと考えられるのだ。

そもそも彼を、それまでの芸術家と区別する最大の特徴が、その写実的な姿勢であるということに異論は少ないだろう。中世以来、作品はおしなべて様式美というものを尊重してきた。

宗教画が典型的にそうであるように、人物にも風景にも基本的な表現の仕方が歴然と存在していた。アーティストとしての技量は、あらかじめ定められた枠内でのみ、発揮が可能であった。

それを取っ払った最初の人物が、レオナルドである。彼は様式にこだわることなくありのままに表現することこそ至上であるというスタンスを取った。聖書のなかに記されている歴史的な出来事を描く際にも、それは変わらなかった。

考えようによっては、宗教的なイベントを表すのにレアリズムを導入するというのは変な話である。キリスト教徒にとって、キリストは雲の上の存在に近いはずなのに、どうしてリアルに表現できるのか。とりようによっては、それは冒瀆に等しい。

だが、レオナルドは、そういうことにまったく頓着しなかった。彼が日常、身近で目にする人間の姿を通して、迫真であると感ぜられるしぐさ・表情を持った者としてキリストを描ければ、それがベストであると考えついたようだ。彼は様式美などということを決して認めようとしなかった。美しさとは、どれだけ現実に近いかによってのみ決定されるのだ、と信じていた。

解剖への没頭

そこで、より美しい作品を制作するために彼が没頭したのが、解剖であった。初期には馬を対象に行ない、やがてそれは人体へと発展していくことになる。

もっとも解剖は、彼にとってあくまで出発点にすぎない。その根底にあったのは森羅万象を冷静に観察したいというあくなき欲求であり、幼少期からそれは一貫している。子ども時代には、虫やコウモリをすでに描いていたと伝えられている。

二六歳になった時、フィレンツェで時の体制を揺るがせる大事件が勃発する。当時のフィレンツェを支配していたのはメディチ家であるが、それに対抗するグループが蜂起し、メディチ家の当主ロレンツォの弟のジュリアーノを暗殺したのである。しかしながら陰謀は失敗。犯人は一年ののち捕らえられ、死刑に処された。

絞首刑になった死体は、裁判所の壁に見せしめのために吊される。それをレオナルドが丹念にデッサンしているのである。「どうしてこんなものを」と、周囲から呆れられたという。が、レオナルドにすれば、画の取材としてみる限り千載一遇のチャンスを、どうしてみすみす逃さなければならないのか、というぐらいの気持ちだっただろう。

三九歳の時には、騎馬像の作成を依頼されている。そこで馬の下絵と、次いで模型を制作する目的で、解剖にのり出す。現実に近いものを産むためには対象に迫らなければならず、しかも対象に切り込まなければ真実を把握することはできないと彼は考えていた。

やがて、馬ではあきたらなくなってくる。四〇歳をすぎたころには、解剖の対象は馬から人体へと移っていったようだ。以降、およそ一五年余りの間に手がけた人体解剖の数は、少なく見積もって三〇体程度というから、一年に平均して二体のペースである。むろん未だ腐臭はすさまじいものであったことだろう。事実、彼の残したメモによると、途中で内臓の一部が腐敗により原型をとどめておらず、それ以上の剖見をあきらめたという記載が残されている。

むろん、すべてを詳細にスケッチしたことは言うまでもない。当時のイタリアにはすでに大学が存在し、医学が正式な科目として教育されていたものの、それはなお既存の古代ギリシアやアラビア科学の支配下におかれていたので、緻密な解剖図というものを作り出していなかった。そのころに、医師でもない人間が、組織にも属さず弟子を動員するわけでもなく、一個人の力だけで、きわめて組織的に人体の各部位を多面的に描いていった。

それは、他人から見れば神を冒瀆するような不遜な行為と映った。ただしレオナルド自身は、まったく正反対の見解を抱いていた。解剖することにより、われわれの身体にはまったく不要なものや不完全な部分がないことがわかる。それこそ、われわれを造り出した神への最大の敬意の表現と考えていた。

実証主義精神の誕生

むろん、そうしたレオナルドの写実への傾倒を支えていたのが、「自分の見たままに表現したい」という情熱の人並みはずれた強さであったことは、改めて指摘するまでもない。しかもその情熱の背後には、常人にはない彼の視覚感受性が控えていたし、どうしてそこまでの視覚感受性が彼に備わっていたかというと、それはアインシュタインの場合と同じく障害を持ったがゆえの代償作用と考えざるを得ないのである。

そして、彼のレアリズムの影響は単に芸術的表現の領域にとどまることなく、科学一般に深いインパクトを与えることとなった。実証主義的態度を涵養する土壌を生んだのである。

それは、端的にこの実証主義、すなわち英語のポジティヴィズム（positivism）ということばに反映されている。一般の日本人からすれば、positive（積極的な、という形容詞）にism（主義）がついたことばがどうして実証主義となるのか、なんとも不可解な感がぬぐえないのではないだろうか。

けれども、そもそもはラテン語のpōnōという、「置く」という動詞から派生した単語であるという。「置く」は、「措定する」と言い換えてもかまわない。誰が「置く」、「措定する」のかというと、神である。

この世の物はすべて、本来的には神が造り給うた作物である。そこには神の意志が表現されているという。しかし私たちは、物を目の当たりにしても、そこから神の意志をただちに汲みとれるわけではない。どうしてかというと、確かに神の意志に沿う形で作られているものの、歴史の経過と共に、さまざまな塵芥《ちりあくた》が周囲に繁茂してしまった。船の底に、貝殻がこびりついてくるような過程を想像すればいいのかもしれない。

貝殻を掃除してやらないと、船だってスムーズに航行しない。同じように、塵芥を払って初めて、私たちは万物について正しい認識を持ち、神の意志を知ることになる。その作業こそ、実証主義的方法論にほかならない。

誕生した当時、科学的実証主義は宗教に対抗し、宗教にとって代わるものではさらさらなかった。宗教と対立するのは後世のこと、当初はむしろ、神の理解者の先兵であり、もっともラジカルな手段であった。それを確立した者こそ、レオナルドといえる。

一見すれば神をも恐れぬかのように馬や人間の死体を切り開く姿に、おぞけをふるう一般人に、これこそ神を理解する唯一にして最高の方法と言い放った時、彼はルネサンスという時代のヒーローになったのだった。彼は障害を背負っていたゆえにこそ、ヒーローになれたのだ。

やがて時代は過ぎる。人々はレオナルドの意志とは無関係に、彼の技法のみに注目し、暗黒の中世の幕引きを演じた人物に仕立てるようになった。一八世紀になって、ゲーテによってMorphologieつまり形態学という学問が生物学の一領域として確立する。いや！領域どころか、生命科学の根幹をなすものとみなされるようになる。かくて解剖は単なる好事家の行為から大飛躍を遂げる。

レオナルドは神の世界支配に引導を渡したチャンピオンと化していった。人間が主役を演ずる時代を作り出した人物――その彼はオールマイティでなくてはならない。かくて、「万能の天才」というレオナルドの虚像が作られ、ことばや暗算が苦手でハンディキャップに悩む側面は、どこかへ追いやられてしまっていったのだった。

第6章　古典嫌いのアンデルセン

ハンス・クリスティアン・アンデルセン。一八〇五—一八七五年。デンマークに生まれる。詩や戯曲の創作に専念する。『絵のない絵本』『赤いくつ』『みにくいあひるの子』『にんぎょ姫』などの童話作家として知られている。

児童文学をめぐる誤解

私は子どものころから、童話という類の読み物が嫌いだった。書店へ行くと、子ども向けのコーナーに『グリム童話』などと題して並んでいるが、まったく面白いと感じなかった。アンデルセンについても然り。唯一記憶に残っているのは、『みにくいアヒルの子』を絵本で読んだことぐらいだろうか。

その欧米の児童文学というものをつまらないと感じるのが誤解と知ったのは、高校生になってからである。文学の内容自体が悪いのではなくて、日本での紹介の仕方が良くないとわかった。そのきっかけが、アンデルセンだった。

たまたま森鷗外の『即興詩人』を読んでいた。それでこの作品の原典が、実は「あの童話作家」のアンデルセンで、鴎外が翻訳したことを知った時はびっくりした。「アンデルセンというのは、『マッチ売りの少女』とか『人魚姫』といった女々しい子ども向けの物語ばかり書いているわけではないのか！」という驚きであった。それで、試しに岩波文庫の『絵のない絵本』というのを読んでみると、これが意外に面白い。

高校生の感想としては、「アンデルセンはレイ・ブラッドベリの短編の先駆者みたいな人なんだ」というのが率直なところであった。大人の想像力をすら強烈に喚起する力を持っているのだから、子どもへの影響力は計り知れないものがあるだろう。

ところが、日本では子ども向けに紹介される段になると、その迫力が根こそぎ奪い去られてしまう。時あたかも、ジョージ秋山の『アシュラ』という作品の中に主人公が人肉を食うシーンが出てくるが、それが残酷で子どもの教育上よろしくないというPTAの指摘により、掲載されていた『少年マガジン』が、発売停止になるという事件が起きていた時であった。

日本の教育関係者とりわけ図書館関係者というのは私の知る限り、度しがたい石頭の持ち主がほとんどである。ストーリーの中身など斟酌《しんしゃく》せずに、筋立てだけで子どもに悪影響を及ぼすといっては騒ぎ立てる――ジョージ秋山の作品は、そもそもは真継伸彦の小説であったものをマンガ化したものだった。愛読していた私は、発禁に憤慨していた矢先にアンデルセンの原作を読み、換骨奪胎して砂糖をまぶしたのが日本のアンデルセン童話と知って、「なんだ昔から、こういうことをやってたんだ」と妙に納得したことを今も覚えている。

日本には、怖い話・恐ろしい話・悲しい話を子どもに話して聞かすのは、誉められたことではないとする風潮が著しい。他方、アンデルセンやグリムの童話の原典には、残酷な筋のものが珍しくない。そこでデフォルメがなされる。けれども子どもをこわがらせることが、日本で受け止められているほど良くないことなのかどうかは、はなはだ疑わしいと思う。

そもそもアンデルセンもグリムも、民間に伝承されてきた話をもとにした作品が多いのは周知の通りであるが、それらは往々にして子どもを寝かしつける際に語られたものと言われている。では古来、人間は子どもをどうして眠らせようとしてきたかというと、いちばん効果的なのは、怖がらせることなのだ。

そもそも睡眠は、恐怖に基づいている。夜をおおう闇の世界は、危険にあふれている。「怖い」と感ずる。その時、心の安全を保ついちばんの方法は意識を失うことなのだ。だから親は子に対し、「お化けが来るよ、早く寝てしまいなさい」と脅す。その脅しの効果的な題材こそ、伝承民話にほかならない。

子どもは少々怖がらせても、一向に平気なものである。あくる朝には、けろっとしている。そもそも眠りにつく前のことなど、覚えていないことがほとんどである。しかも、次第に「怖がることの快感」を味わうようになる。親と共にふとんに入り、自分自身は安全でありつつ恐ろしい内容のことを耳にするのは、なかなか楽しいことに気づく。

日本の教育者は、そういう子どもの人情の機微がまったくわからない。他方、アンデルセンという人は、死ぬまで幼児期の感受性を持ち続けた人物であったようである。

孤独な青春

アンデルセンは一八〇五年に、デンマークのオーデンセという街に生まれている。両親はまだ新婚で、父親は二二歳と若かった。靴職人の夫婦で、生活は貧しかった。しかも、アンデルセンが一一歳の時に父親は死亡、彼は三年後に、単独でコペンハーゲンへ出てきてしまう。そののち、彼が生まれ故郷へ戻ることはなかった。そのころの彼は演劇に強い関心を持っていて、翌年、王立劇場所属の舞踊学校へ入学する。次いで同じ劇場の附属の声楽教習所の生徒となって、オペラに出て収入を得る道を見つけたが、必ずしもうまくいかないことが判明する。

そこで音楽で生計を立てることはあきらめ、文学の道を歩もうと考える。そして、その第一歩としてラテン語学校に入学したのだった。文学を学ぶためには古典が読めなくてはならない。そのためには、ラテン語の素養が必須となる。また文学を修めるためには大学へ進むことが求められるが、大学入学資格を取るためには、当時のデンマークではラテン語をマスターすることが不可欠であったのだった。一七歳の時のことである。

ところが、ラテン語学校での授業はアンデルセンにとって地獄同然であることが、入学してまもなく判明する。彼には、ラテン語の才能がまったく欠落していたのである。いつまでたってもマスターできない。

悪いことに、苦学生であったアンデルセンは生活費を節約するために、学校の校長であったシモン・マイスリングというラテン語学者の家へ下宿することとなる。ところが、その先生の受けもつ科目の成績が、クラスでビリに近いのだから悲惨である。

のちに彼は当時のことを、「私の一生のなかでもっとも陰鬱で、苦しかった時代」と回想している。

「私は毎晩、神に祈った。どうかこの苦しみの棘を私から取り去って下さい。さもなければ次の日を生きて味わわずにすむようにして下さい、と。教室でも校長先生の楽しみは、私をあざけり、私の人となりを笑いものにし、私の知能の欠陥をあげつらうことだった。そして授業が終わっても、その先生の家が私の家なのだった。」

加えてアンデルセンは、それまでに王立劇場の附属学校へ通っていた分、ふつうより年を重ねていた。つまりクラスメートよりはるかに年長であったため、クラスのなかでも孤立を余儀なくされた。誰も助けてくれる友人がいなかったのだ。そのころ、以前に共にオペラ歌手を目ざした友人にあてて書いた手紙には、次のような内容が記されている。

「(マイスリングが)私に立腹するのは毎日のことです。また日曜の朝にラテン語の作文を見せにいくと、一つ一つまちがいを恐ろしく叱責されるので、心底ふるえ上がります。(中略)先だっての日曜日にいくつか作文を見せたところ、こう言われました。「大学入学許可のことを考えると、君にはほとほとお手上げだよ。大学入学資格試験の時にこんな作文を書くと、六(処置なしの最低点)をつけられるぞ。君の文字の一つぐらいどうだってかまわない、ｉと書こうとｅと書こうと同じと思ってるだろう。(中略)君に心底うんざりする。それに私にはよくわかっているが、私が君に心から忠告しても、君は私のことがどうしても好きになれないようだね。君は全く困ったバカ者だ。」けれども教室ではもっとひどいのです。といっても逐一それを書けないので、私の境遇は分かってもらえないかもしれませんが年中ひどく叱られ、励ましのことばを耳にすることはなく、前途は暗たんとしたものです。食事の際も私は黙ってすわっていなければなりません。校長先生はめったに私に目を向けず、そして教室を出ると、人前で散々にののしられ、大恥をかくのです。」

(ニールセン、鈴木満訳『アンデルセン』66―67頁〈一九八三年、理想社〉)

ラテン語の学習困難

結局アンデルセンは、ラテン語学校を中退せざるを得なかった。そののち、ほとんど独学で大学入学資格を取得するに至るのだが、死ぬまでついにラテン語をものにすることはできなかった。では、どうしてそれほどに習得が困難だったのだろう。

鍵は、彼の残した友人あての手紙に記されている、校長の「iと書こうとeと書こうと同じと思っているだろう」という注意のあたりに見出せよう。これはアンデルセンに限らず、ラテン語を学ぶ多くの人間に共通する悩みである。彼が名詞・動詞の語尾変化に苦労したことを示唆しているもの、と想像されるのだ。

名詞に関するならば、ラテン語でたいへんなのは格変化である。英語と比べてみれば、それはすぐわかる。英語では、平叙文なら文中でまず主語が登場し、動詞のあとで目的語や補語が現れる。しかしラテン語では、最初に出てくるから主語であるとか、文の動詞のあとに来るから目的語であるという保証はまったくない。

文中でどういう働きをするかは、各名詞の語尾を厳密に見きわめなくてはならない。たとえば机という単語を見てみよう。英語なら、tableである。むろん語尾変化しないわけではない。複数形では-sをつけて、tablesとなる。これが唯一の変化だ。

一方、ラテン語で机はmensaという。ただし、この形は机が主語として用いられる時に限定

amo	I love
amas	you（singular）love
amat	he/she/it loves
amamus	we love
amatis	you（plural）love
amant	they love

表6-1　ラテン語の「愛する」という意味にあたる動詞現在形の人称変化

される。もし目的語として使うとすると、mensamと変えなくてはならない（英語では目的語の時もtableのままである）。また複数形にすると、主語として用いる際はmensaeそして目的語として使う際にはmensasとなる。さらに所有格も異なる。英語ではtableの前にofをつけ、of tableで「机の」となるが、それを語尾変化させた一語で表現するのだ。たとえばof tablesはmensarumとなる。

だからラテン語の名詞を理解するには、まず語尾変化と関係のない語幹部分を見きわめ、原型の意味を覚えると共に、文中でのその変化の仕方から構文上での働きを把握しないと、正しく意味がとれなくなる。さらに、自分で文をつづるとなると、正しく単語の終わりを変えてやらないといけないのは言うまでもない。

動詞にも、よく似たことがあてはまる。英語では変化のパターンは四通りにすぎない（loveについてみると、love、loves、loved、lovingとなる）。これがラテン語となると、数十に及ぶのだ。

現在形の人称変化だけを取りあげてみても、love（loves）に対応して、表6-1のように六通りに変わる。これは話のほんの始まりにすぎない。未来形や過去形でも、また別の変化を示すし、仮定法や条件文でも、それらとまったく別の変わりようを示す。反対に、動詞の語尾を見れば、主語が何人称で単数か複数か判別できるので、代名詞の場合は敢えて書かず省略したりもする。こういうことが、アンデルセンにはできなかった。

ヒトの本能にさからうラテン語文化

確かにラテン語は、アンデルセンならずとも学習が途方もなくやっかいな言語体系である。そもそもヒトが本能的に所有する言語の表現方式と、大きくくい違っているとさえ言われている。

というのも、私たちは特別な環境からの束縛を受けない限り、平叙の文中ならば主語がまず最初に置かれ、他方、動詞は後置されてしかも無変化であるのが原則だという説が存在するのである。世界中の手話がそうであるし、ピジン・クレオール語も、その例にもれない。

ピジン・クレオール語というのは、それぞれインドネシア近海とバミューダ海域で、複数の異なることばが、人々の交易によって入り混じってでき上がった独立の言語体系で、両者に相互に無関係に形成されたにもかかわらず、できてみると驚くほど内容が似かよっていたことで注目されている。その最大の特徴が、先の二点というのだ。

元の複数の言語は、個々に全然違った言語構造を有していた。ところが、互いに共通項を抽出してみると、このような形で収まった。だからヒトの一言語形式の最大公約数（つまり本能的な部分）が、ピジン・クレオール語に反映されているという議論である。

もしそれが正しいとするると、ラテン語というのは人類が自らの本能に逆らって敢えて築き上げた言語文化ということになる。ではなぜ、こんなやっかいなことが起こったのかというと、つまるところラテン語というものが、一般庶民の話しことばとは切り離された、インテリの書きことばの役割を果たしていたからだと考えられるのだ。

いつのころからか、人類は文字文化を発明した。それは、口頭でない過去からの知識の伝承を可能にする。宗教的な教えも、例外ではない。現にキリスト教では、生前イエスの教えに直接にふれた者がいなくなった段階で、福音書の執筆が始まる。それはやがて、聖書の編纂へと発展していき、聖職に就くものはそれを勉強することによって、庶民へ布教する資格を持つシステムができ上がっていく。聖職者が、近世以前において最大のインテリであったことは言うまでもない。

要は、インテリ言語は庶民言語と差別化されねばならなかった。庶民にそうやすやすとマスターされては、ありがた味がない。むろん庶民のあやつることばは、本能に即した形式を備えている。結果として、本能に逆行する形式をラテン語は付与されるようになったのだと想像されるのである。だからこそラテン語は、近世以前のヨーロッパにおいて教養の原点となったのだろう。

江戸期までの日本になぞらえるなら、漢文のようなものである。普段の武士や知識人は、話しことばとしては日本語を使っているのに、正座して読書するとなると、中国語表記の文を読み下したり、文学表現として漢詩を作ったりした。また日常の手紙ですら、口語と大きく乖離していた。あれと同じような状況を想像しても、さして的はずれではないだろう。

現にアンデルセンでも、そもそもどうしてラテン語学校へ入ることになったかというと、文学を志したからなのだ！　日常会話で用いられる言語では、文学を志すには不十分という現実のあったことが、はっきりうかがえるのである。

文法障害

ただ、一つ注意しなければならない点がある。

なるほど、ラテン語の習得はたいへんむずかしい。しかし困難さの程度は、われわれ日本人と欧米人とで根本的に違ってくるという事実である。前者にとっての方が、後者にとってよりも数段、むずかしいのがふつうである。

というのも、ヨーロッパ諸国で今日用いられている言語というのは、おおよそすべて、もとはというとラテン語から派生してきたものであるからである。ラテン語の諸原則が時代の変遷のなかで単純化されて、今の形となってきたのがほとんどと言ってよい。だから、フランス語にせよドイツ語にせよ、その名残をかなり濃厚にとどめている。

ドイツ語では、名詞が単数・複数それぞれ何通りかの語尾変化をする。その語尾の形で、文中の主語であるかどうかが判るので、文の頭に来ているからといって、主語である保証がない点は、ラテン語と共通している。動詞も主語が何人称であるか、単数か複数かによって、やはり語尾が変わる。もっとも変化のパターンは、ラテン語よりはるかに単純になっている。

ヨーロッパ語で、もっとも単純になってしまったのが英語といえよう。だからヨーロッパ語のうち英語の話者にとって、ラテン語の学習がいちばんむずかしくなってくる。そしてヨーロッパ語とまったく無関係なことばの話者では、それより格段に困難となる。日本語がその一例である。反対に名残をとどめている程度が濃いヨーロッパ言語の話者ほど、学習は平易となる。

そして、アンデルセンにとっての母語であるデンマーク語は、ドイツ語よりもっとラテン語の面影をとどめた言語体系なのである。私たち日本人にとっては、文法規則が煩雑でむずかしい。逆にデンマーク語話者にとっては、ラテン語は自分たちのことばとよく類似していて、ふつうはマスターするのにさほど苦労しなくてすむものなのである。それでもアンデルセンは学習できなかったことを、考慮する必要があるだろう。

彼は、やる気がなかったわけではない。またほかの学科の成績は、決して悪くなかった。それがラテン語となると、いくら勉強しても語尾変化をマスターすることができなかった。これは一般に文法障害と言われている、一種の学習障害と考えられる。

日本語は幸か不幸か、文法規則が厳密でない。それゆえ障害の有無が歴然としないのだが、ラテン語は日本語と対極をなす体系である。それゆえ障害を持っている時に、それがはっきりとわかる。言語的規則性を習得することを、たいへん困難にする障害を持って生まれてくる人々が世の中には少なくない。アンデルセンは、その一人だったのである。

ただ文法障害という命名には、異論も少なくない。本当に文法の学習に限定されて障害があるのかどうか、まだ明らかになっていないからである。ほかの領域の学習にも困難が生じているのだが、把握されていないだけの可能性も高い。しかし、文法的規則性のマスターに突出して現象が出ることだけは、まちがいない。

障害が、脳のどういう機能不全によって生ずるのかも不明である。おそらく言語の、とりわけ産出に深く関わっている、いわゆる運動性の言語中枢に、微細な損傷があるのではと言われている。障害者の有無を家系に沿って検証した調査によると、遺伝する確率がかなり高いと言われてもいる。

もっともこのような障害は、「ふつう」に日常生活を送る上では、何の支障ももたらさない。日常会話に不自由することは、皆無だ。外国語を学ぶ時でも、話す分には不自由しない。外国語の学習に困難を覚えた人物として、本書ではレオナルド・ダ・ヴィンチがそうであると指摘した。ただし実情は、アンデルセンとはかなり異なる。

アンデルセンはラテン語の語尾変化を適切にできないだけであって、その程度の障害では、ドイツ語やオランダ語を第二・第三言語として覚えて普段の会話に使う分には、何の苦労もしなかったことだろう。両人のこの差異は、障害の質が彼らの間でまったく違っていることに起因している。

ラテン語という、知的エリートを庶民と差別化する知識体系に取り組もうとする段になって、初めて姿を現わす障害をアンデルセンは背負い、実際それに苦しんだのである。古代ヨーロッパにおいて、メインストリームを形成した人々が紡ぎ出した言語文化は、弱い者を巧妙に洗い出す装置となっていたことが、実によくわかる。

サブカルチャーの誕生

アンデルセン以前に、アンデルセンのように知的エリートたらんと目ざした障害者は、すべてここで挫折して、歴史のなかに埋もれていったと想像される。けれどもアンデルセンは違っていた。ラテン語ができないからといって、彼は文学への志を捨てなかった。そしてまったく自己流、無手勝流に作品を作り始めたのだった。今でいうところのサブカルチャーとしての文学、つまりサブカル文学を目ざしたのである。

サブカルチャーという語は、今や日本でそのまま通用するまでに流布しているが、改めて辞書を引いてみると「下位文化」とかいう、いま一つピンとこない意味が記されていることだろう。要は社会のメインストリームの文化からはみ出た、「あぶれ者の文化」ということだろう。

日本の文学の歴史でみると、江戸期の戯作本や読本に代表される文化が、その典型と考えられる。それまでの文学は、武士や貴族に代表される特権階級の専有物であった。ところが江戸期も半ばをすぎると、商品経済が発達した結果、その担い手である町人がパワーを持ち始める。そして彼らの娯楽としての文学の萌芽が生ずるのだ。

むろん学問の素養はないのだから、内容も形式もメインストリームの人々からすれば「ムチャクチャ」で、顔をそむけたくなるようなものばかりである。近松などの浄瑠璃に題材をとった世話物や滑稽《こっけい》物、妖怪の話などが、口語に近い文体で叙述される。メインストリームがそれをいかに苦々しく感じていたかは、幕府が再三にわたり、そうした出版物に発禁処分を下していることからもうかがえる。だが、いったんついた火は、もう消えることはなかった。

そして結局のところ、江戸のサブカル文学が明治以降の日本の近代文学の成立に、たいへんな貢献を果たすこととなる。というのも、言文一致運動においてモデルを提供することになるからである。坪内逍遥や二葉亭四迷が、近代文学の形式的側面をになう新しい文体を模索したあげく、その範を江戸の町人の読み物に見出したのは、あまりによく知られた話である。

明治期における文学の近代化とは、文学の大衆化ということと、かなりのところ重複している。その過程のなかで、かつてはエリートによってさげすまれていた文化が、主導権を握るに至ったと表現できるだろう。

そして日本において戯作文・読本が果たした役割を、デンマークにおいてはアンデルセンがひとりで行なったといえるのだ。

奉公人部屋のデンマーク語

三〇歳になった一八三五年、彼は処女作を公刊するに至る。今日、アンデルセンの名は童話作家として知られているものの、第一作はそれと似ても似つかぬ、イタリアを舞台にした恋愛長編物語であった。夏が短く、冬の長い北ヨーロッパの人々にとって、イタリアは光あふれる、あこがれの地である。そこを舞台にした、めくるめく恋のストーリーは、大衆受けする要素を十分に備えていた。しかも彼は、それを「語る」形式でつづったのである。

義太夫の語る「心中天網島」を、そのまま活字にしたようなもの、と想像すればいいだろう。今まで文学といえば、ハイブロウなものと決めてかかっていた一般大衆は、ワッと飛びついた。ベストセラーとなるのに、時間を要しなかった。

むろん、インテリ層の評判は散々である。「奉公人部屋のデンマーク語」の小説と、くさされた。もっとも一種の風俗小説なのだから、くさされても仕方のない面もある。現に、今となっては誰も見向きもしない、古びた作品と化している。ヨーロッパでは、作品を手にとることすらむずかしい。

ただおかしなことに、この小説がいまだにごくふつうに書店に並んでいる国が、一つだけ存在する。日本である。それは、これを森鷗外が『即興詩人』と題して、訳して出版したからにほかならない。

「羅馬《ロオマ》に往きしことある人はピアッツア・バルベリイニを知りたるべし。こは貝殻持てるトリイトンの神の像に造り做《な》したる、美しき噴井ある、大《おお》いなる広こうぢの名なり。貝殻よりは水湧き出でてその高さ数沢《すしやく》に及べり。」と始まる訳文を、鷗外は一一年の年月をかけて完成させた。それは彼自身記すように、「国語と漢文とを調和し、雅言と俚辞とを融合せむと欲せし」試みの成功した、格調高い不朽の翻訳作品とされている。

しかし、実は日本語版の『即興詩人』は、筋立てこそアンデルセンのオリジナルとはいえ、スタイル自身には彼の面影はみじんも残っていない代物となってしまっているのである。もっとも鷗外とて、デンマーク語を解したわけではない。彼はレクラム文庫によるドイツ語版を留学先で読み、翻訳を決意したとされている。

鷗外がドイツ語に堪能《たんのう》であったことは言うまでもないが、それでも外国語である。そういう者にとって、アンデルセンの「語る」文体のドイツ語訳文は、おそらくほかの作品より、たやすく読みとおせるものだったのではないだろうか。

学ぶという意識なく、読書を楽しめた。そこで敢えて、凝った日本語文にしてやろうと思い立ったのかもしれない。あげくの果てに、東洋の島国で文学的価値のある小説とみなされているのだとすれば、なんとも皮肉なめぐり合わせである。

アンデルセン童話の誕生

『即興詩人』の原作は、今ならすぐにテレビドラマ化されて、さしずめ斎藤工か二宮和也が主演を張りそうなものであった。そして、何よりも文体が語り口調であったので、大衆受けした。ただアンデルセンは、大衆作家に甘んじようとはしなかった。ラテン語ができなくて、文学者仲間のサークルに入れなかったことを、一般受けすることで見返そうという態度はとらなかった。やはり何とかして、一流の文学者として認められたいという願望が強かった。そして翌年、それに成功する。

文学のまったく新しいジャンルを開拓してみせたのである。それこそ今日、アンデルセン童話として知られているものにほかならない。

注意しておかねばならないが、彼には執筆時、童話とされている物語を、とりたてて子どもに向けて書いているという意識はみじんもなかった。ただ万人に読まれるファンタジーを目指していた。時には民間伝承を下敷きにして、内容をデフォルメしつつ、現実とも空想ともつかぬ世界での出来事を、語るようにつづっていった。

だからアンデルセン童話は、しばしばグリム童話と並び称されるものの、両者はまったく異質である。グリム童話は、というと、ドイツ語学の権威であり、膨大な量のドイツ語辞書まで編纂したグリム兄弟が各地で採集したコレクションで、記録が「正しいドイツ語」で忠実にまとめられている。教養主義の権化のようなものだ。

アンデルセンの方は、落ちこぼれがその辺で聞きかじった話を自己流に改変したもので、インテリにはすこぶる評判が悪かった。『物語集』と題された彼の短編集は、年を重ねて続刊が出されていく。するとデンマークの評論家は、「いったいいつになったら、アンデルセンはデンマーク語の書き方をマスターするのか」と悪態をついた。

では、それほどまでにインテリに不快感をもよおさせた彼の文章のスタイルというのは、どんなものなのだろうか?

不幸にして、私を含めて大多数の日本人はデンマーク語を解さないので、推しはかるすべを持っていない。ただ訳本を丹念に読んでみると、なるほどこういうことなのでは、と思わせる箇所が随所に現われる。普段は何と言うことなく読みとばしていたものでも、改めて言われてみると、確かにそうらしいと感ずる表現に頻繁に出くわす。

たとえば三四歳の時に出版された『絵のない絵本』は、月が一夜ごとに自分の見聞きしたことを短く語るという形式を採っているが、その第三一夜は次のように始まる。

「「それはある小さい田舎町のことでした」と、月が言いました。「わたしがそれを見たのは去年のことなんですが、まあそんなことはどうでもいいのです。ともかくわたしは、はっきりと見たのです。こんや、わたしはそのことを新聞でよんだのですが、とうてい、そうはっきりとはしていませんでした。宿屋の下の広間に熊づかいがいました……」」

短い文が反復され、「それ」「そんな」「その」が、何を指すのか明示されずにあふれている。原語が、およそ「教養」ある人間によって書かれた文とは思えないようなものであることは、容易に察せられる。それによって、独特の月夜の幻想感が生まれるのだが、こうした表現様式は、アンデルセン以前には思いもつかない技法であったと想像される。

日本文の訳者である大畑末吉氏が、デンマーク語を習得している希有な人であったからこそ、翻訳できたのだろう。その大畑氏でも、「あとがき」のなかで、アンデルセンのスタイルをかもすことに苦労したこと、そして努力したにもかかわらず、いまだその片鱗をも伝えられていないことを正直に告白している。

新しい文学の創始者

彼の功績は児童文学を確立しただけにとどまらず、アカデミズムにとらわれない、自由な文学の可能性を示したことに求められるのである。それはデンマークで初めてというにとどまらず、近代世界の嚆矢であった。

かつて、文章というのは修飾句を多く施し、長くしないと複雑な意は書きつくせないとされていた。その常識を、彼はこわしてみせた。以後、同様の試みは各言語文化圏で、ある程度の時間的間隔をおいて周期的にくり返され、時の文学をアップトゥデートなものへと脱皮させる起爆剤の役目を果たしていく。

その意味から、一九世紀初期のアンデルセンを昨今の同時代の日本の作家になぞらえるならば、私が思いつくのはさしずめ橋本治氏である。たとえば、彼の初期の部類に属する次のようなエッセイを読んだりすると、アンデルセンの持っていた意義とかなり共通するものがあるのでは、と感ぜざるを得ないのだ。少し長くなるが引用してみよう。

「私ね、実は『枕草子』を現代語に訳すことになってんのね。そのうち本になるけどサ。そのうちってもまだ先だろうけどサ。でね、私はね、この『枕草子』ってのをね、女子高校生の日記にしちゃった訳。平安朝の女流文学だなんて、ゴ大層なこと言ってたって、所詮あんなもん、文学少女のイキがりじゃないかってね。でね、私はここで〝あはれ〟というのを〝いい〟〝いいと思う〟、〝をかし〟ってのを〝素敵〟っていう風に訳したの。〝あはれ〟と〝をかし〟っていう二つしか形容語のない世界なんて、〝エーッ、ウッソォー〟〝ホントー？〟〝カーワイイ〟っていう当世娘風俗と根本的にはおんなじじゃないかってね。私にしてみれば、清少納言という人は、こういうことを言っている訳です――

第一段

春はあけぼの
春ってあけぼのなのよ！
やうやう白くなりゆく山ぎはすこしあかりて紫だちたる雲の細くたなびきたる
だんだん白くなってく山の上が少し明るくなってサ、紫っぽい雲が細くたなびいてんの。
夏は夜
夏は夜よねェ。
月のころはさらなり
満月の時なんかキマリ！
（中略）
冬はつとめて
冬は朝ね。早いの。
雪の降りたるはいふべきにもあらず
雪が降ったのなんかたまんないわ。
霜のいと白きも
霜が真っ白なのも。
またさらでもいと寒きに火などいそぎおこして炭もてわたるもいとつきづきし

また ね、そうじゃなくても、すっごく寒いんで、火なんかいそいでおこして、炭火持って行ったり来たりすんのも、すっごく、らしいのね。
昼になりてぬるくゆるびもていけば火桶の火も白き灰がちになりてわろし
昼になるとサ、あったかくなって寒さがだらけてくるでしょ。だから火鉢の火だって白い灰ばっかりっぽくなってサ、よくない！」

このの ち「桃尻語」と彼が自称するようになる、枕草子の読みかえである。右の文はエッセイのタイトル自体、「大体、人間は昔っからたいしたことなんか言ってないんだから……」と、従来の伝統に対し否定的だ。

もう一人、アメリカ文学で同じような役割を演じた作家を挙げるならば、『キリマンジャロの雪』や『老人と海』で有名な二〇世紀前半のアーネスト・ヘミングウェイがもっとも適当かもしれない。彼のような心情表現を排した無機的な文で人間が描写できると考えた者は、それまでいなかったことだろう。

そして興味深いことに、ヘミングウェイもアンデルセンと同じく、文法障害に終生悩んだ人物だった。また橋本治氏も、彼の文から察すると高校卒業に至るまで、典型的な学習障害の兆候を示しているふしがある（推察の域を出ないが）。

ヘミングウェイ流の表現を借りるなら、「われらの時代」の文学は、知的おちこぼれの活躍に負うことが大であるようなのだ。

第7章　付き合いべたなベル

アレクサンダー・グラハム・ベル。一八四七―一九二二年。スコットランドに生まれたが、のちカナダに移住する。電話機を発明して特許を取得し、ベル電話会社を設立した。

ピアノを弾きつづけた人

もう四〇年近く前の一九八〇年代の初め、『もしもピアノが弾けたなら』（作詞・阿久悠、作曲・坂田晃一）という歌が、ヒットしたことがあった。歌っていたのは西田敏行で、そもそもはテレビドラマ『池中玄太八〇キロ』のオープニングソングとして用いられていた。妻に先だたれた西田の扮する池中玄太が、男手ひとつで子どもを育てていく物語で、娘役の杉田かおるがまだ初々しかったという記憶が強い。歌詞は、

「もしもピアノが弾けたなら、思いの全てを歌にして、きみに伝えることだろう」

と始まる。そして、

「だけど、ぼくにはピアノがない。きみに聴かせる腕もない。心はいつでも半開き。……」

とつづく。

けれども実際に、他人に自分の思いを伝えたい一心で、毎日ピアノを弾き続けた人がいた。それが、この章の主人公であるグラハム・ベルにほかならない。むろん、電話の発明者として今に名の残る人物である。

彼は一八四七年に、スコットランドのエジンバラに生まれた。長じて子ども時代を振り返り、「そのころからひとりぼっちだった」と回想する幼年期を送る。いちばん古い記憶は、畑の中で迷子になって、ひとり立っていたエピソードであるという。長い午後を、ひと気のない教室でぽつんと座っていたという、友人の証言もある。やがて、ロンドン生活を経てアメリカへ渡り、一八七五年には、すでに歴史的な電話の発明に至る。まだ二八歳のころのことにすぎない。そののちは、ひたすら名声に囲まれ、長寿を全うする。しかしながら、どれほどの賞賛と祝福を浴びようとも、ベルは孤独であった。他人とつながるという思いを遂げることなく、世を去った。

そして、彼は毎日必ず、しかも長時間にわたりピアノに向かったのである。夕食のあとは家族や、あるいは来客がある場合には、その客の好みに合わせつつ、フォークソングや伝統的な愛唱歌を奏で、みんなが歌うことを促す。だが、それはまだ、ほんの序の口にすぎない。

家族の者が眠くなってくると、独奏が始まる。孫が起きている間は、譜面のページをめくらせて、ひき続ける。やがて、孫も寝てしまうと、暗譜している曲に移る。よく、メンデルスゾーンやベートーベンの小曲をとりあげたという。誰が何をしていようと、うるさいと感じようと、一切おかまいなしである。午前三時まで続くのは常で、時として夜が白むまで音楽がとぎれることがないのも、決して珍しくなかった。

ベルがいつ床に就くのかを知る者は、誰もいなかったという。

ちなみに彼は、幼少のころから音楽になじみ、演奏には非常に熟達していた。西田敏行が歌うように、「きみに聴かせる歌」がなかったわけでは決してない。だがそれにもかかわらず彼は思いのすべてを伝えたという満足感を得ることは終生なかった。また事実、彼の思いを受け止めた者も、現われなかった。妻だけが、彼のことを理解しようとする姿勢をくずさなかった。ただ、その妻にしても真実、どれだけの心の交流をベルと持っていたかは、きわめて疑わしい。

一八九〇年、ベルは妻に次のような手紙を書き送っている。

「私は歳をとるにつれて、自分の中に引きこもり、自分の思考にふける傾向が、ますます強くなってきている気がします。父やおじに見られた傾向がもっと極端な形で出ているようなので、そういう血筋なのだと思います。子どもにも見られるものの、さほどひどくないのは、まだ幼いからでしょうか。こんな傾向がないのは、あなただけです。だからあなたこそ、私を外の世界とつなぐ、大きなきずななのです。」

（ブルース、唐津一訳『孤独の克服』三〇五頁〈一九九一年、NTT出版〉）

歳をとるにつれてといっても、彼はこの時、まだ四三歳にすぎない。彼には、知り合いは増えても、友人ができることは決してなかったらしい。これに対し、妻の反応は、

「私は、あなたがひとりぼっちの生き方をし、自分の世界に閉じこもり、周囲とのコミュニケーションを絶っていることに、もうがまんがなりません。（中略）どうかそんな生活はやめて下さい。（中略）隠者の庵から出るよう、もっと努力してください。」

（前掲書、二〇六頁）

という、かなり手厳しいものである。では、どうしてベルには、周囲との社会的関係が築けなかったのだろう。

今振り返って、彼には、一般の人間にとっては何でもないような、他人の気持ちを察するという能力が、根本的に欠落していたからだと考えられる。それは、いみじくも彼自身が察していたように、遺伝的に先祖から受け継いだ、一種の資質なのだと思われるのである。高機能自閉症、あるいはアスペルガー症候群と呼ばれている障害をベルが負っていたことは、まず疑問の余地がない。彼は、この障害のことで終生、悩み続けた。

アスペルガー症候群

今日では、自閉症スペクトラムと総称されるようになっている発達障害は従来、大きく二つのタイプに分類されてきた。その一方が高機能自閉症、あるいはアスペルガー症候群と呼ばれるものである。

そもそも自閉症という用語は、一九四三年にアメリカのカナーが、一一人の特異な行動異常を示す子どもに関し「早期幼児自閉症」という命名をして、報告を行なったのが最初とされている。カナーは、子どもに共通した五つの特徴があると考えた。

（一）他人との情緒的交流が欠落している。
（二）同じ状態を続けていたいという、同一性保持の強い欲求を持つ。たとえば日常の特定の行動を、いつも同じ順で行なわないと気がすまない。
（三）特定の対象物への固着と、特異な扱いを示す。
（四）ことばの発達に遅れが見られる。あるいは終生、まったく話さない。
（五）時に、記憶や計算、芸術などの特定の領域で並はずれた才能を発揮する。

という五点である。

カナーが見出したような障害のタイプは、ふつうは三歳ぐらいまでに、それと見てとれる形で現われてくる。幼いころから、あまり笑わない、目が合わない、視線の共有もない、人に興味を示さない代わりに、物へのこだわりが強い。ただし、おもちゃでの遊び方もユニークである——というような具合である。

「自閉」ということばが表現するように、いかにも自分のからに閉じこもってしまっているような状態だといえるだろう。そのためカナーの報告そのものは、歴史的に見てさほど古いことではないにもかかわらず、自閉症という用語は一学問領域での学術用語という範囲を越えて、日常生活の中でひとり歩きするまでになってしまっている。

そして、ネーミングがあまりにすぐれていたため、さまざまな誤解さえ招く状態を作り出してしまった。端的に、ことばが乱用されている。それについてはここでの本題とはずれているので、これ以上言及するつもりはない。ただ一つ、「自閉」ということばが氾濫するのとはうらはらに、実はカナーの五つの特徴を満たさない自閉症の存在が長く見すごされていたという事実は、指摘しておかなくてはならない。

カナーの報告のわずか一年後の一九四四年、彼とはまったく独立にオーストリアのウィーンで、アスペルガーという名の小児科医が四人の子どもの症例を報告し、「自閉的精神病質」と命名していた。そもそもはフリッツという六歳の男の子が、アスペルガーの勤める病院を訪れたことが、彼の発見の発端となった。

小さい時から、いわゆる「運動神経が乏しい」と親の言う、それでいて落ち着きのない子だった。ことばの発達は、むしろふつうより早いぐらいで、六歳にして大人のような話しっぷりをするのが目をひいた。病院を訪れた最大の理由は、ほかの子どもと通常の社会関係を持つことができないためであった。一緒に遊んだりできないので、親が困って連れてきたのだった。本人もそのことを自覚しているのだが、何ともしようがないらしい。

アスペルガーは、さまざまな知能検査を実施したけれども、とくに目立つ能力の障害は見当たらなかった。脳炎の後遺症でもないし、小児性の統合失調症ともみなせない。しかもフリッツとよく似た子どもが、次いで三名も出現したため、独立した疾患単位として報告したのだった。ただし、論文をドイツ語で書いたこともあいまって、カナーの研究のセンセーショナルな影響に隠れて、長く注目されることのないままの状態が続くことになってしまった。それが、半世紀たってのちようやく、注目されるようになってきたのである。

今までは、ことばや知能に遅れがないので見すごされてきたものの、改めて周囲を見回してみると、該当する徴候を示す子どもは意外なほど多いのである。「自閉」という表現にとらわれて、まったくひとりの世界に埋没してしまうケースを考えがちである。けれどもそういう例はむしろ稀で、多数は社会への適応や友人との折り合いをうまくつけられずに、誤解されつつ、自分自身で悩みながら生きていると考えられるようになってきたのだ。

周囲との心の交流を困難にする複数の障害例をひとくくりにして、それを自閉症ととらえようとする風に、研究の動向が変わってきた。

遺伝性の発達障害

むろん、他者とのコミュニケーションを困難にする障害は単一でない。たとえば、統合失調症もその一部といえよう。しかし自閉症では、まさに他者との付き合いに際して、相手の気持ちを把握する能力が著しく乏しく、かつ、その欠落が遺伝性である点で、ほかのコミュニケーション不全を示す障害と区別されるのだ。

実のところ臨床家によると、自閉症状はほかの障害と比べてみて区別のつくものであるという。小児科医である榊原洋一氏も書いているところによると、診察室にはじめて入ってきた瞬間の、周りの物や人物に対する反応で、多くの場合自閉症はほかと違うことが察知できるという。とりわけ、見知らぬ人への視線の向け方や、一緒に部屋へ入ってきた親への視線のやり方が、顕著に異なると指摘している。榊原氏はそれを、診察室へやってくる人のソーシャルスキルの欠陥に対し、専門家として臨床にたずさわるなかで極端に敏感になってきたからだ、と説明している。

職業的に人と接することが多い人間は、相手の気分や雰囲気というものに対する感受性が強い。顔を一瞬みたり、声を一言聞いただけで、向こうがどういう感情でいるのかを敏感に察する。ところが自閉症の人間には、それが通用しない。さらに、こちらがどう働きかけても、それに応じることもない。極端なまでにマイペースという印象を榊原氏は表現したいのだろうが、この印象は、他者と情緒的に感応したり、共感したりすることが非常に困難であるという、自閉症の特異な本質を如実に反映している。

　そして、そうした症例の典型がグラハム・ベルなのである。

聴覚障害との関わり

　グラハム・ベルは、正式にはアレクサンダー・グラハム・ベルという名前で、生前はアレックと呼ばれていた。グラハムというのはミドル・ネームにすぎず、通常の表記に従えばアレクサンダー・ベルと書く方が正しい。にもかかわらずグラハム・ベルとするのには、それなりの理由がある。

　グラハム・ベルの父親も、ファースト・ネームはアレクサンダーであった。さらに祖父もアレクサンダーだった。三代にわたって、同一のファースト・ネームを用い続けた家族であるからにほかならない。まるで家元制度をほうふつとさせるような話である。しかも、この連想はあながち的はずれではない。

　ベル一族は代々、同じ職業をなりわいとしていたのである。彼らは、今でいうところのスピーチセラピストのはしりだった。

　スピーチセラピーというのは、さまざまな理由で通常のように、音声言語を話すことが困難である人に、その技術指導を行なう技術を意味している。先天的に口蓋裂であったり、あるいは後天的に脳梗塞などで失語状態に陥ったり、そのケースは多様である。だが一九世紀のスコットランドで、セラピーが盛んに実施された対象は吃音であったらしい。グラハムの祖父は、その道でかなり名の通った人物だった。

やがて父の代になると、指導の対象は先天性の聴覚障害へと拡大していった。いわゆる口話教育である。エジンバラからロンドンへ進出してきたベル家は、独自の教育スタイルを確立するまでに至る。「視話法」というのが、それである（図7-1）。

耳が聞こえないと、個々の単語を構成しているアルファベットの配列を見たところで、どういう風に発音していいのか見当がつかない。そこで、それぞれの単語を聴覚障害者が音にしやすいように、独特の記号で表記しなおしたのだった。一種の発音記号のようなもの、とみなして差し支えないだろう。あるいは日本の中学生が英語を習いはじめたころ、単語のスペルを目にしても、どう発音したらよいかわからないのでカタカナを振る。あれに似ているかもしれない。

この教育法は当時、かなり評判となったらしい。やがて噂は、イギリスにとどまらずアメリカまで流布していく。そこで視話法を新世界にも普及させるべく、派遣させられたのが若きグラハムであった。一八六六年、まだ一九歳でボストンの障害者のための学校へ赴任することとなる。

当初は、現地の新聞でも報ぜられるほどであった。だが、やがて行きづまってくる。ある程

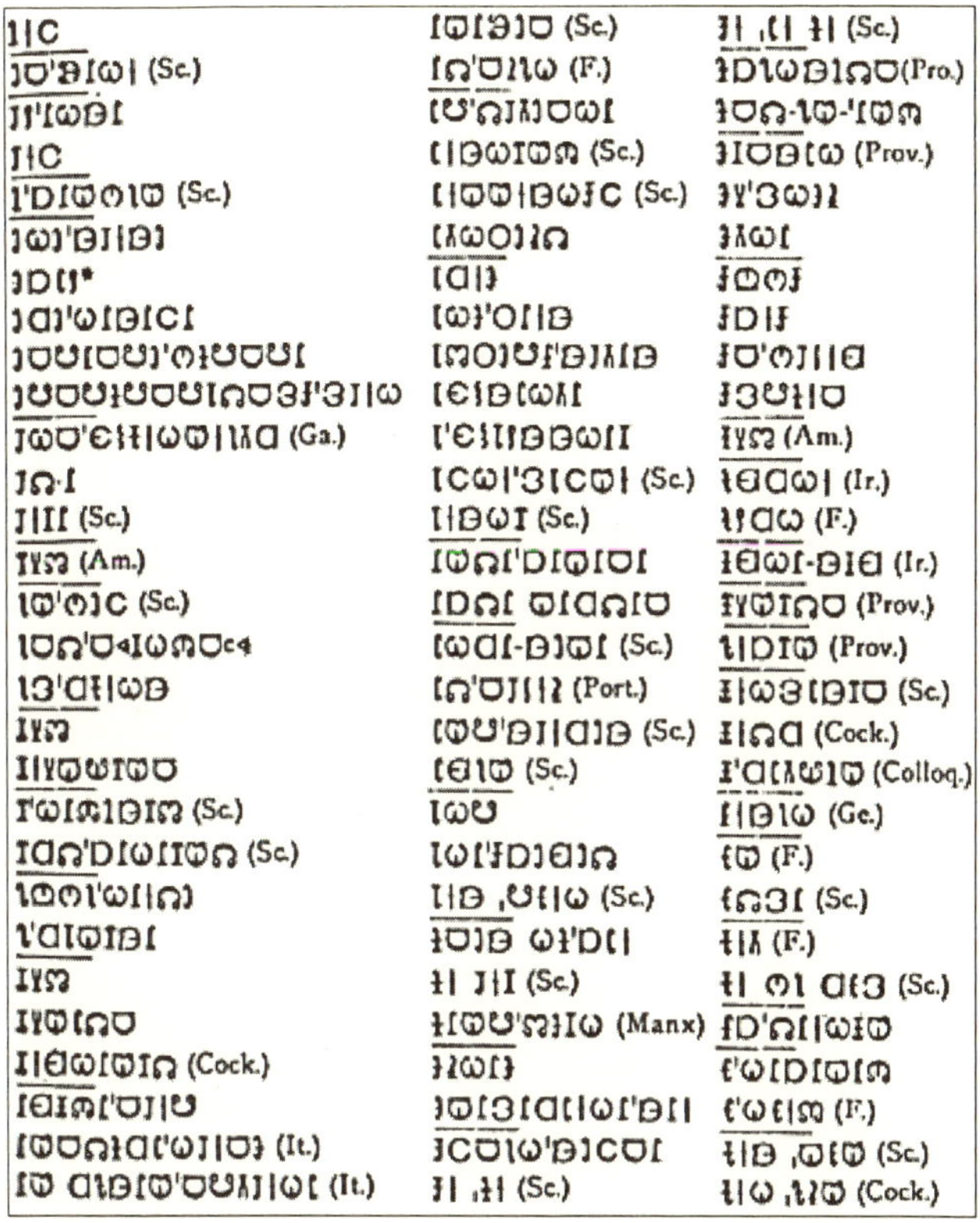

図７-１　ベル一族が開発した視話法のリストの一部

度まではトレーニングできても、そこから先へはなかなか進歩していかないのだ。

これは視話法に限った問題ではない。そもそも先天的に耳の聞こえない者に、音声言語だけを押しつけようという口話教育の発想そのものの誤りである。今のアメリカなら、少なくとも手話を同時併用したに違いない。しかし、手話が単にパントマイムのような人工的な産物ではなく、一個のりっぱな言語であるという認識が生まれるのは二〇世紀の後半のことで、当時はそのようなことは夢想だにされなかった。

メイベルへの恋

そこへグラハムの人生の転機となる、もう一つの「事件」が起こる。視話法を習う生徒として、メイベル・ハバードという一六歳の少女がやって来たのである。グラハムよりも一〇歳年下であった。彼は出会うや、彼女に恋してしまう。人生で初めての経験だった。

自分の思いを伝えたいという、強い焦燥感にかられることとなった。けれども、口話には限界がある。まさに、自分が正しいと思ってきた、親から受け継いだ教育スタイルを根底から揺るがす事態が出来したのである。アイデンティティの危機に、彼は悩む。

悩んだ末に行き着いた結論は、かなり唐突なものであった。それは当時、彼が行なった講演の記録として、今日も残っている。

「もし何らかの簡単な装置で、話し手の声の振動を、耳の聞こえない相手の体の一部、たとえば手に直接、伝えて、相手がその振動から、もとのメッセージを復原することができるなら、読唇という不自然なコミュニケーションを克服することができるでしょう。」

（前掲書、一二一頁）

グラハムはメイベルに、思いのすべてを伝えたいと思った。けれどもそれには、視話法はあまりにもどかしい。そのもどかしさが電話という、それまで誰も思いもよらなかったコミュニケーション装置の発明の素地となったのだ。

しかもただ夢想したわけではない。ただちに彼は、夢の実現にとりかかった。本職の方はそこそこにして、残りの時間のすべてを、夢の装置の発明に注ぎ込んだ。

彼の発想の根底にあったのは、声を出すことによってもたらされる空気の振動を、何らかの形で別の媒体の振動に置き換えて、それが目的の場所へついたところで、再び声を復原させようというものである。では、媒体は何がよいのか。

一九世紀後半のアメリカは、電気が社会のブームとなりつつある時期にあたる。彼はためらわず、そこへとびついた。空気振動の差異を電流の強度の差に変えてやればいい、と思いついたのである。

これは、以前から電気現象に関わってきたプロからすれば、絶対に思いつかないような着想であった。既成の物理現象に通暁している者からすれば、音は音、電気は電気であって別物にすぎない。専門的知識を持っていればいるほど、古い枠を打ち破る考えが持てなくなる。

だが、グラハムは違った。ずぶの素人として、耳の聞こえない恋人と会話をしたいという一心が、革命をもたらした。しかも、いったん着想がなされると、実現化は思いのほか容易なことが判明する。

当時すでに、電力供給事業が本格化しようとしていた。送電に際し、電線に生ずる抵抗は、その電線の張力に影響されることが明らかとなっていた。そうすると、もし電線が振動するならば、そこを通る電流の抵抗は、連続的なエネルギーであるにもかかわらず変動することになる。

グラハムは、この現象を意図的に引き起こすことができれば、音声情報を電気信号に変換することはたやすいことに気がついた。今日でいう、可変抵抗の原理を思いついたのである。そのあとの進み方は早かった。端末にリードを用い、磁気を使って電流を誘導する仕組みさえ考案すれば、電話の基本設計は完成する。

彼が基本原理を確立したのは、メイベルに恋してから、わずか二年後のことにすぎない。彼はまだ二八歳だった。

結婚と不満

ほどなく実用化されるや、それは世界を席捲した。

余談になるが、アメリカで初めて電話事業が本格的にスタートした時、多くの人のいるところで最初に受話器を取って話すようグラハムに依頼されたのは、かれのところへ口話教育を勉強しに来ていた伊沢修司という日本人留学生だった。そこには、同じくハーバードに留学中であった外務省の小村寿太郎と金子堅太郎も立ち会い、日本語が英語と同じように受話器を伝わることのデモンストレーションをした。グラハムの、たっての要望による。

このアトラクションもどきの試みは、大受けしたらしい。一説によると、アメリカ先住民にもしゃべらせたというが、史実かどうか定かではない。

あらゆる言語に汎用可能ということを実証してみせたというと聞こえはよいものの、評判をよんだ本当の原因は、そのころサル並みと蔑視されていた東洋人の声でも、しっかり届きますよということにあったという気がしてならない。ただしグラハム自身は、そんな意識は毛頭持っていなかったことだろう。彼は聴覚障害者の恋人に、音を伝える装置を作り出したい一心だったのだから。

だから、電話の発明は彼にとって、夢の試みの第一歩であっても、決して終着点ではないはずであった。電話だけでは、耳の不自由な人には何の役にも立たない。

しかし、幸というか不幸というか、その第一歩のはずの発明が予想外の反響を巻き起こしたのだった。近代国家が勃興し、国民経済が全盛化するなかで、その需要が恐ろしいほどに膨張するのに、時間はほとんど要しなかった。

もちろん、グラハムの許には莫大な収入がころがり込んできた。裕福になって悪い気のする人間は、なかなか存在しない。加えて彼は、意中のメイベルを妻に迎えることにも成功する。今風に書けば、アメリカの「マン・オブ・ザ・イヤー」的存在であったグラハムのプロポーズを受け入れたのである。

あこがれの女性の心を射止めたということは、自分の思いが相手に伝わったことにほかならない。もうとりたてて、より高度なコミュニケーション機器を開発する必要など、なくなったことになる。それゆえ結婚以後、彼は発明家としてより、電話を中心とした通信事業を推進する事業者としての道を歩むこととなった。

ふつうなら、これでメデタシメデタシとなるところである。だが、グラハムの場合は違っていた。

というのも、結婚してみてわかったことは、要するにグラハムの思いは妻に届かないし、子どもができても家族の誰にも届かず、周囲にも届かないという冷徹な現実であった。彼はメイベルに会ったころ、彼女に気持ちが伝えられないのは、耳が聞こえないせいだと考えていた。しかし、そうではなかったのである。

ＮＴの心がわからない

そもそも恋愛とは、二人の間でことばのやり取りに不自由するとかしないということとは、あまり関係のないものではないだろうか。グラハムとメイベルは、かたや健聴者であり、かたや聴覚障害者であったとはいえ、基本的に同じ言語文化のもとで育ち、同じような物を食べ、同じような服を着て、同じような行動様式を獲得して育った。

意思の疎通をはかる上で、なるほど言語の果たす役割は少なくない。しかし恋愛に求められるのは気持ちの表現が主であって、それは言語ばかりでなく、いや言語以上にノンバーバル（非言語的）なものによって担われている。

グラハムがメイベルとの意思疎通に困難をおぼえ、歯がゆく感じたのにはほかの要因が大きな比重を占めていた。アスペルガー症候群であったため、他人の感情の理解が不得手だったのである。他人というより正しくは、ＮＴの人の心の理解が不得手と書くべきだろう。ただし、周囲のほとんどの他人が、ＮＴであるのが現実なのだ。

火星の人類学者

アメリカの精神科医であり、数々の著作で知られるオリヴァー・サックスに『火星の人類学者』というエッセイがある。グラハムと同じくアスペルガー症候群である、テンプル・グランディンという女性の生活を描いたものである。

グランディンはコロラド州立大学の教授として今日、ごく通常の生活を営んでいる。一見したところ、世間にたいへんうまく適応しているような印象を与えるらしい。これは、周囲とのやりとりが苦手なアスペルガー症には珍しい。

だがそれにもかかわらず、グランディン自身が自らを称して「私は火星に来た人類学者のようなものだ」と心情を告白するのだ。火星に、もし火星人たちが暮らしていると想定しよう。そこへひとりの地球人が訪ねていく。地球人の目的は、火星文化の人類学的（というか、正確には火星人学的）調査である。

植民地時代を皮切りに、いわゆる先進国の研究者たちは、いわゆる未開とレッテルを貼られた地域の習俗・文化に非常に強い学問的関心を払ってきた。フィールドワークと称し、各地で土着の人がどういう世界観や価値観を抱いて生活しているかについて、広範囲な研究を行なってきた。結果として確立したのが、人類学という学問領域である。

フィールドに出向いた研究者というのは、孤独な存在だ。ふつう、単独で現地におもむく。最初は、相手の話すことばもまるっきりわからないことも、稀ではなかった。まして相手が何を考えているかなど、及びもつかない。そういう状況の極限に到達したのが、もし実現するとしたら、火星人がいるとしてそこへ出向いた地球人研究者の置かれる立場だろうというニュアンスが、「火星の人類学者」という表現には込められている。

しかも、それは架空の話ではなくて、「私自身、毎日まさにそのような日々を送っているのだ」と、グランディンはサックスに心のうちを吐露するのである。

ＮＴである他人と、お互いにわかり合えているようなふりをして暮らしていても、彼女にとって話している相手の人間は、たとえ同じアメリカ人で同じ文化・風土のもとに育っていたとしたところで、火星人と何ら変わるところはないのだ、という。しかもそれは、まさにグラハムが置かれた境遇にも、そっくりそのまま当てはまることだった。彼は家族を持ち、巨万の富を得たのちも、決して幸福を実感することがなかった。

その後の生活

彼はひとりきりで生活することを決意する。グラハムの娘と結婚することとなったディヴィッド・フェアチャイルドはのちに、当時を振り返って「彼はまれにみる孤独な人生を送っていた。私は、これほどひとりで多くの時間をすごした人間を、ほかに知らない」とまで言っている。

普段の日は、夜に眠ることをやめた。その代わり昼すぎまで、寝床を離れない。夏の休みはたっぷりと取った。といっても家族と過ごすわけではない。まったく人気のない森の中の湖にボートを停め、そこで波と木のざわめきしか聞こえない世界に埋没した。夜になると森の中を歩き回り、時に附近の街まで足を延ばした。そして冒頭に書いたように、ピアノを愛した。
このころメイベルに向けて、次のような手紙を送っている。

「あなた（メイベルのこと）はいつも、他人のことに気をつかっていますね。でも私はどういうわけか人々のことより、物事に興味があるのです。ひとりひとりの個人というものより、全体としての人類というものへの関心の方がずっと強いのです。」

（前掲書、二〇四頁）

これに対する妻の反応は、次のようなものであった。

「あなたは聴覚障害者のために働き、人々がコミュニケーションに不自由しないように心を配っているように見えますが、それはあなたの思いやりの心からの行動では、ありません。確かにあなたは、耳の不自由な子どもたちには大変やさしいです。でも、あなたにとって大切なのは、子どもたちの耳が不自由であるという事実の方であり、人間としての彼らにはないのです。あったとしても、ほんのわずかにすぎません。」

（前掲書、二〇五頁）

「どうして、こんな人と結婚してしまったんだろう」という思いをメイベルが強く抱いていたことは、まず疑いない。けれども二人は、今さら離婚するには、社会であまりに有名になりすぎていた。ベル夫妻というのは、社交界の花形になっていたのだ。

電話の発明者としての世界的名声を得て、夫妻は世界各地の催しに招待された。「数歩歩むごとに、「ベルさん」と声をかけられ、立ち止まってはしばらくの間、誰かとことばを交わす羽目になる」と、グラハムはこぼしている。「よく人目に隠れてしまいたいような気持ちになる」夫に対抗するかのように、メイベルは思いっきり快活にふるまった。パリの最高級の店で、最高級のドレスを注文し、宝石を身につけ、明るさをふりまいた。彼女にすれば、そうでもしなければとても、やり切れない思いだったのだろう。

アメリカ科学界への貢献

そんなグラハムの日常であったものの、晩年になって、ようやく心から楽しいと感ずることのできる機会が見つかる。「水曜日の夕べ」と称する、科学者の集まる打ち解けた会の主催を思いついたのである。個々の人間ではなく、全体としての人類にしか関心のない彼にとって、同好の人と科学的事実を語ることは唯一、周囲と打ち解けられる瞬間であったのかもしれない。

アスペルガー症候群の人のエピソードとして、健常者が「今日は寒いですねぇ」と語りかけると、「今日は九℃」と返事をしたという話がある。「寒い」という思いを共有するより、「九℃」という事実に注意が向かう。

だからグラハムは、その時の話題となっている科学者を招待し、彼らが関心を持っているテーマや論文の内容について語るのを聞くことに、無上の喜びを見出した。最初はたかだか二〇名ばかりの参加者でスタートした会は、次第にアメリカ東海岸最大の科学者の集まりへと発展していく。それは、やがてヨーロッパ科学に取って代わる、アメリカ科学勃興の原動力の一つとなっていった。

グラハムはまた、科学学術誌の刊行にも情熱を注いだ。今日『ネイチャー』と並び称される『サイエンス』をここまで育てたのは、彼の個人的努力によることは意外に知られていない。『サイエンティフィック・アメリカン』は思いのほか、歴史が浅い学術誌である。アメリカでは一般向けの科学誌である『サイエンティフィック・アメリカン』（日本語版は『日経サイエンス』）の方が、ずっと創刊は古い。しにせの『ネイチャー』に対抗しようと、『サイエンス』の立ち上げを初めに企てたのはトマス・エジソンだったが、彼は将来に絶望を感じ、すぐに投げ出してしまう。

それを、グラハムが拾い上げる。彼はエジソンと違い、赤字であることなど度外視して、個人の資産を出版につぎこんだ。それは死ぬまでの数十年に及び、「水曜日の夕べ」で培った人脈を総動員して、アメリカ科学は世界トップの位置に躍り出るまでになったのである。

およそ、気のきいた研究をしているアメリカの科学者で、グラハムと面識のない人物は存在しないというほど、彼は科学界に通暁していた。しかし、それでもなお、彼がファースト・ネームで呼び合うような親しいと感ずる相手は、生涯、わずかに一人いたかどうかというような状況は変わらなかった。

彼はさびしかった。さびしさをまぎらすために、彼は食べた。とりわけ燻製のニシンやタラが好物で、おそろしい量をたいらげた。電話発明当時、身長一八〇センチに対し体重は七五キロと細身であったのが、一三六キロまでに太った。今風に表現すると、ストレスによる過食の典型ということになるのかもしれない。

むろん、太ることが、からだに良いわけがない。糖尿病に苦しんだ。けれど食べることを減らすことのないまま、最晩年に至っても夜ごとピアノをひきつづけて、やがて死んだ。

第8章　落ち着きのないディズニー

ウォルト・ディズニー。一九〇一－一九六六年。アメリカのシカゴに生まれる。世界的に有名なキャラクターであるミッキーマウスを生み出し、アニメーション映画だけではなく、家族向けの遊園地ディズニーランドを開設した。

「ながら族」と多動

私はいま、この原稿をオーストラリアのシドニーで書いている。学会に出席するため来ているのだけれども、昼下がりの時間を少しさぼって、街のスポーツカフェで、ヨーロッパで行なわれているラグビーの実況を見ながらの作業である。

思い返せばここ二〇年にわたって、毎年少なくとも一冊の本を出してきたので、総計すると執筆に費やした時間は、けっこうな量にのぼることだろう。しかし実は、研究室の自分の部屋で、ひとり机に向かって書いたことはただの一度もない。だいたい喫茶店のようにコーヒーが飲める所、しかもマクドナルドとかデニーズのように、にぎやかな所がよい。

静かだと、どうにも落ち着かなくなる。まわりがざわついてないと、仕事に向きあえないのだ。しかも店に入り、椅子に座ったからといって、すぐに作業にとりかかるわけでは決してない。まあ三〇分は、ぶらぶらよそ見をする。その代わり、書き出すと早い。だいたい半時間で、一〇〇〇字見当の量を書く。ただし一カ所で、それ以上でき上がることはない。

三〇分も仕事を続けると、厭《あ》きる。だから店を出る。もし、それ以上の量をその日にどうしても書く必要があるならば、もう一軒はしごをして、同じ行程をくり返さねばならない。われながら不便だとしみじみ感ずる。

振り返ってみて、子どものころからこうだった。中学校へ入学した一九六七年は、ラジオの深夜放送が十代を中心に人気をよび始めた年に当たる。それまではお色気物が中心であったのが、ＤＪを主体にしたものへ様変わりしたのを、初期のころからずっと愛聴していた。ラジオなしの勉強や読書など、考えられなかった。

折しも、「ながら族」ということばが流布しだすようになった。私は、その典型的な例といえる。そして、恥ずかしながらもうすぐ五〇歳というころになって、ようやく気づいたのだが、私に代表される「ながら族」とは、典型的な「多動傾向」の人間の総称に等しいのである。

最近のアメリカでの実験によると、静寂な状況下と、騒音が大きい状況下で知的作業をさせてみると、通常は前者での方が効率が良いのに対し、時に後者でないと仕事がはかどらない被験者が存在するという。しかもそれが、最近何かと話題の、いわゆる「多動傾向」の人間だというのだ。

この論文を読んだ時、私は我が身を省みて、目からうろこが落ちるというような思いをした。言われてみれば、幼い時分から落ち着きのない子どもだと、しかられた。徘徊癖がある。それは今も変わらない。ものを考えている時もひとところでじっとしていられずに、しょっちゅう出歩く。数時間も座ったままで会議をするのが、とても苦痛だ。それから、片づけができない。部屋は散らかり放題に散らかっている。

むろん、しょっちゅう物がなくなる。ひと月の半分を、見つからない書類探しにつぶすことなどざらである。「自分は多動傾向があるんだ」と、今になってしみじみ実感している。

新しいものへの好奇心

ただし、周囲を見わたしてみると、同じような傾向の人間は、さほど珍しくないことに思い至る。私のいる職場でも、少なくともあと二人、同様の研究者がいると断言できる。ちなみに同僚の総数は四〇人であるから、そのなかの三名というと七・五パーセントとなり、決して小さな値ではない。同じ癖の者は、やはり仲がよい。類は友を呼ぶ。

職場外に目をやっても、研究者のなかには多動傾向が多いという印象が強い。たとえば先にあげた会議のあとで、私を含め四名が夕食を共にしたのだが、これは多動人間の集まりだった。

別に実名を挙げても叱られないと思うから記してみると、ソニー・コンピュータサイエンス研究所の茂木健一郎氏と、東大の開一夫氏、それと茂木氏の友人でシドニー大学のアラン・シュナイダー氏であった。

四時半に会場の出口で落ち合うという約束だったのだけれど、多動の者がある特定の時間を決めて集合するというのは、至難の業《わざ》であることが判明した。待ち合わせるのだから、その場所にじっと五分も待っていれば四人がそろうのに、できないのである。三名そろい、あと一人というのに、三人のうちの誰かが場所を離れる。そこへ四人目がやって来る。ここでさっきどこかへ消えた一人を待っていればいいのだが、また一人がどこかへ去る。すると最初に消えた人間が帰ってくる、新たに消失した一人を待つうちに再度、誰かが消える……。というあんばいで、いつまで経っても出かけられない。

職業柄書くが、ニホンザルだってもう少しまとまりがよい。それでも、お互いに多動であるならば、自業自得といえなくもない。これが、多動でない人が多動に付き合うとなると、振り回されることとなる。私の周囲にいる人も、けっこうたいへんな思いをしているに違いない。

京都大学にせよソニーにせよ東京大学にせよ、よく私たちのような者を雇っているものだと思う。しかし、一応そろいもそろってクビにならないでいるところを見ると、それなりに組織に役に立っているからなのだろう。むろん、研究者として役に立つとは、第一義には研究を行なって貢献することであるのは言うまでもない。

実際のところ、多動の人間は、こと研究ということについてみるならば、それが長所として働くことも珍しくないと私は思う。研究とは、要するに知的な創造行為である。創造とは、新たに過去になかったことを考え出すことにほかならない。

そのためには常識の壁を打ち破らなくてはならない。これは、たやすいように見えてむずかしい。私たちは、自明性の世界に生きている。自明なことは、意識に上ってこない。「そんなこと当たり前」とうけとってしまうと、疑いを持たないため、暗黙の前提ができ上がってしまう。自明性を壊すには、意識していない発想上の前提を露わにし、改めてそれを問い返すことが求められる。

私には、多動の人間には、これに長けている者が相対的に多いように思えてならない。つまり、非ジョーシキなのだ。好奇心も強い。世の中をもの珍しく感ずることが多い。キョロキョロして生活しているので、常識人なら「当たり前」のことも、当たり前でなくなる。それで新たな発見につながるのではないだろうか。

加えて、多動の人間はあまり過去を振り返らないと思う。悪く言うと、反省しない。「済んだことは仕方がない」と思っている。個人的に私は、研究者というのはあまり後ろを振り返らない方がよいと感じている。大事なのは、今から何をするかであって、今まで何をしてきたか、ではない。

むろん、過去の反省に立って、将来は見通されるものには違いない。けれども、それは理屈上のことにすぎないという感を強く持っている。今までほかの人が誰も考えつかなかったことを考え出すのに、今までなされてきたことは本質的に役に立たない。

その意味でも、多動人間は研究という作業に向いていると感ずるのだ。たとえば「うつ」傾向の強い人というのは、非常に過去にこだわるきらいがある。そういうタイプよりは、少なくとも多動の方が適性だと思えるのだ。

多動性・衝動性の定義

もっとも私を含めて「多動」の研究者という場合、それはだいたい、多動の傾向が強いという意味であって、程度は健常の域を出ない。これが域を越えると、障害とみなされることになってくる。多動障害、あるいは多動症候群である。これはれっきとした発達障害で、一九四〇年代すでに欧米の精神科医によって、報告されている。

当時、多くの医師が「落ち着きのない子ども」に注目し、それが脳の障害に起因するのではないかと考え始めていた。典型的には、診療室へやって来ても、五歳にもなってひとときもじっとしていることができずにいる。椅子から椅子へと飛び回り、腕や足を休みなく、ふり回し、しかも何やらブツブツひとりでつぶやいている子の存在が知られていた。

それが一九九〇年代になってにわかに、かつてないほど社会の注目を集め出した。日本も、その例外ではない。

日本の場合は、「学級崩壊」ということばの誕生で、注目度は加速度的に強まった。テレビでも報じられたように、授業中なのに子どもが席を立ったり、勝手に教室を出ていったりする。もちろん先生の話など聞かない。授業が成立しなくなるクラスというのが珍しくなくなった。あれが、まさに多動症候群の子どもである。

診断の基準も、おおよそ確立してきている。多動というのは反面、衝動的ということと密接に結びついている。自分自身を省みて、私もかなり衝動的な人間だと思う。とくに大人では、それは日ごろの発言に顕著に反映される。「こんなことを言うと、相手を傷つけるかもしれない」というようなことを斟酌せず、思ったことを言ってしまう。悪いこととわかっていても、言わずにおられないのが衝動性の本質だ。

アメリカの多動性・衝動性の子どもについての判断基準は以下の通りである。

（一）手足をせわしなく動かしたり、座っているときにも、もじもじする。

（二）教室内で席を離れたり、座っていなくてはならない状況下で席を立つ。

（三）不適切な状況で走り回ったり、よじ上ったりする。

（四）休みの時間を、静かに遊んですごすことができない。

（五）たえず活動しており、まるで「動力に駆られる」ようにふるまう。

（六）過度に話す。

（七）質問が終わるまえに、だしぬけにしゃべる。
（八）順番を待つことができない。
（九）他人のじゃまをする。

むろん、多動性・衝動性の程度には個人差がある。そこで上記九項目のうち、六つ以上の基準を満たす時、その子どもは障害を持っていると、ふつうみなされることとなる。私などは、幼いころを振り返ってみると、四つか五つを満たすだけだったような気がする。だから多動傾向があった、ということになる。

ミッキーマウスの誕生

自分が小学校に入ったころを思い出してみると、私よりもっと多動だった同級生がいたことに思い当たる。「先生、おしっこ」と言って、四五分の授業中に何度もくり返し、便所と教室を往復していた。今考えて、ほんとに尿意を覚えていたとは、とても思えない。ただ、そういう子どもはクラス（五〇名）の中に一人か、せいぜい二人だった。それが近年、数が急増しているのだという。

もっとも、過去には多動症候群などという認識そのものがないに等しかったから、資料が残っていない。だから、最近増えたと言っても、比較のしようがない。そこで、増えた・増えないの論争まで起こっている。

ただ、やはり虚心に見ると、増えているのはまちがいないところなのだろう（その程度がどれくらいかは別として）。だからクラスに、そういう生徒が一人や二人いても、あまり白い眼で見られることはなかった。むしろ時によっては、常識はずれのことをいろいろしてくれるので、それを先生も楽しんでいる風があったように記憶している。

今のように、その子どもが落ち着かないことが原因で、授業が成り立たないというような事態を招くようなことがあったら、そうそう悠長に構えていられなかったことだろう。「多動児は面白い」といえる余裕が、社会にあったと私は思う。そして、その最大の証拠が、ミッキーマウスの登場とその人気だと考えている。ウォルト・ディズニーが作り出した、アニメキャラクターのネズミである。

ディズニーはミッキーマウスを世に出すことで、一躍有名になった。第一作は一九二八年、『蒸気船ウィリー』という作品である。誤解のないように書き足すが、そのころのミッキーマウスのイメージは、今とまったく異なる。今日の私たちが考えているような、優等生タイプの人物ではないのだ。むしろサディストに近い。

『蒸気船ウィリー』は、船の上でミッキーマウスが、ただただ暴れ回るストーリーにすぎない。手におえない腕白坊主がガールフレンドのミニーと一緒に、ほかの乗客である動物たちをいじめるのである。アヒルを締めあげてギャーギャー鳴かせる。山羊の尻尾をグルグル回す。ブタの乳房をギュウギュウしぼる。こういういじめを、「わらの中の七面鳥」のコーラスにあわせつつ、踊る。シロフォンの代用に雌牛の歯をカンカンたたき、乳房をバグパイプ代わりに吹きならす。

ディズニーの業績をほとんど公式的な歴史の形で書いた書物にも、ミッキーマウスは初めは行儀の良いキャラクターでなかったと、公然と認められているほどである。「ひかえめにいっても、彼はワンパクで、残酷だった」と記されている。

デビューしてから一〇年たった、一九三八年に作られた『魔法使いの弟子』というアニメでも、まだその傾向は変わっていない。この作品でミッキーは、魔法使いの修行中、魔術を悪用しようとする。そのため、さんざんな目にあって懲《こ》らしめられるという筋書きで、つまり彼は悪役そのものを演じている。ミッキーがコテンパンにやられて、「あー面白かった」と客に思わせるという、今では考えられない筋立てである。それが当時は、観客にうけた。

もちろん、アニメという技法が画期的であった。音楽もよかった。映像としての踊りも、巧妙だった。しかし何よりの魅力の根元が、ミッキーマウスの攻撃性にあったことはまちがいない。当時としては、まったく常識破りの行動の数々だったのだ。

世の中の体制は、乙《おつ》にすましている。善良そうな人々が多数を占めていて、平和なつき合いをしている。そこへ、アウトローとしてミッキーがやってくる。ハチャメチャにする。それでおしまい。これが人気を呼んだ。

むろんアニメだから、観客は子ども中心である。子どもは、自分の日常の学校クラスと映像を重ね合わせる。日常の秩序を破壊してくれる困り者の活躍に拍手喝采《かっさい》した。それはミッキーに、実際にクラスにいる、多動性・衝動性の強い子どもの化身を見たことを抜きには考えにくい。

多動症だったディズニー

それでは、ミッキーマウスの生みの親であるディズニーは、どうやってこのキャラクターを思いついたのかというと、何のことはない、自分自身の幼年時代をそっくり再現してみせたにすぎないのである。つまりディズニー自身が、多動症だった。いつも周囲から「浮いて」いた。その時の心情・願望を、そのまま吐露しただけなのである。

ウォルトはイライアス・ディズニーの二人目の子どもとして、二〇世紀の初め（一九〇一年）、アメリカはイリノイ州カンザスの農場に生まれた。兄がいて、ロイという名だった。生後ほどなく、父が重病にかかる。とても農場を切りまわせる状態でなくなり、ウォルトが八歳の時、一家は都会へ出てくる。

妹が誕生し、父の病は回復せず、家庭の経済状態は悪化をたどるなかで、小学校に通いながらも、ロイとウォルトで家計を担わなくてはならないようになる。新聞配達の仕事である。毎朝、三時半に起きて働いた。今と違って、そのころのアメリカの新聞社は夕刊も発行していたらしい。彼は、それも配達し続けた。結局、義務教育が終了するまでの六年間、仕事は続く。その間、休んだのは、病気になった四週間だけだった。

カンザスの冬は長く厳しい。幼い子どもにとっては、とりわけ厳しい。だが父は、子どもに容赦しなかった。なにしろ彼の稼ぎに一家が、かかっている。そのころ、新聞配達の少年というのは、新聞を自転車で配りつつ、一部ごとに家の玄関付近に投げ置いていくのが通常なのに、ウォルトはそれを許されなかった。一軒ごとに、新聞を玄関のトビラの下から内部へ入れるよう命ぜられた。

配達し忘れた家があろうものなら、体罰が待っている。どこか配り忘れた家がなかったかという不安は絶えずつきまとい、ウォルト・ディズニーは死ぬまで、この悩みから解放されることはなかった。

そのくせ父から、一銭も小遣《こづか》いを与えられることはなかった。ロイとウォルトは、このことを生涯にわたり、恨《うら》み通した。要するに、父子関係は最悪だったのである。

やがて、新聞配達だけでは食べていけなくなる。ロイは家出。残されたウォルトは母親と、バターを荷馬車に積んで売り歩く仕事を命ぜられる。同級生の住む街を車を押していくのは、彼にとって恥辱の極みだった。そのことも、彼は終生忘れなかった。

家での暮らしに、彼は喜びを見出せなかったといっていい。反面、そのうっぷんは、学校で晴らされることとなる。

といっても、学校の成績が良かったなどというわけでは決してない。むしろ、成績は在学中を通して、いつもクラスのビリに近かった。教師は口をそろえて、この子は落ち着きがなく、授業についてこれないと言った。そもそも、四〇分も五〇分も机についていることができない。教科書を読むこともなかった。

夢は、マーク・トウェインの世界だった。もっと自由な生活がしてみたいと、授業中も先生の話などうわの空で、夢想ばかりしている始末だった。

ただし授業が終わるや、事態は一変する。クラスの人気者である。何しろ芸達者だった。街で行なわれているボードビルの演芸ショー、それに、人気を博した映画の登場人物の物真似が大得意だった。クラスメートの同好の士と、大人の目を盗んで金を工面しては、劇場や映画館に通う。むろん、見つかればたいへんなことになる。

それで仕入れてきたパフォーマンスや歌を即座に真似て、クラスメートの前で演じてみせる。計算はできない、文字もろくにつづれない。けれども「大道芸」のようなものには天賦の才がある——典型的な多動症候といえよう。

小学五年の時には、リンカーンの誕生日に大統領に扮し、学校中で演説してまわったという。これには、校長も感嘆してしまったという。

これ以来、彼の芸は「公認」となり、地元の劇場で、夜の素人芝居に出ることが許されるまでになった。ただし父親にだけは、秘密にしなくてはならなかった。そのうちに、もっと芸を仕込む必要が出てくる。学校の昼休みには、向かいのお菓子屋の掃除をひきうける、薬局に医師の処方箋を届ける使いをひきうけるなどして、小銭を稼ぐようになっていった。

もう目の回るような忙しさである。けれどそういうことは、まったく苦にならない。身体を使うことは、小学生であったがまったくいとわない。むしろ、じっとしている方がはるかにつらいのである。頭を使うのも、いとわしい。できるだけ動き回り、他人と話し、それでお金がもうかることの嬉しさは、授業の比ではない。それを、家と教室に釘づけにしておこうとする親と教師だけが、ただただ憎かった。

アニメの創始

ウォルト・ディズニーは、おそらく世界的に見ても、現在おびただしい数に上る「多動症の子ども」の「はしり」だったのかもしれない。もうおわかりのように、多動が問題になるか否かは社会の状況に依存しているのだ。

端的に学校教育を受けなくてはならないかどうかが、評価を大きく左右する。子どもであっても勉強を求められない社会では、多動の子は少々風変わりかもしれないけれど、よく身体を動かし働く、「よい子」である。だから、多動は障害として認めにくくなる。

それが授業を聞かなくてはならないとなると、途端にマイナスの面をのぞかせる。そしてウォルト・ディズニーは、まさに先進国で国民教育が普及しだした時に生を享《う》けたがゆえに、「はしり」の栄誉（?）に浴することとなったと考えられる。

もっとも、学校教育が定着しだして間がなかった当時では、教育の期間も、今と違って短い。だから卒業するまでに味わうストレスも、今日の多動児よりはるかに小さかったのは、ウォルトにとっては幸いなことであった。授業は嫌だったものの、思い出のなかで、学校は彼にとって楽しい所として残った。少なくとも家庭よりは。

だから義務教育を終えると、さっさと家を飛び出した。すでに家出していた兄のロイを頼り、とりあえず金を稼ぐことに専心した。何か好きなことをするための資金作りであった。

では、何がしたいのか。本当は、ボードビリアンになりたかった。しかし同時に、自分にそれだけのセンスがないことも承知していた。プロでは、とても生きていけないだろう。それでも、せわしなく身体を動かして、みんなの注目を浴びる快感は捨てがたい。

「そうだ、自分の分身を作り出せばいいじゃないか」と思い立った。時に映画が、一大娯楽産業となりつつあった。ただし映画をプロデュースするのでは、注目されるのは主演の俳優で面白くない。自分の分身を作り出したいと強く感じた。

それが、アニメという発想の土壌となった。もともと、画を描くことは嫌いでなかったこともうまく作用した。

やがて、何の経験もないままにフィルム会社を設立する。三名のスタッフと共に、動くマンガ作りに励むことになった。むろんたいへんな労力を要する。コストがかさむ。

苦労して作り上げた第一作は、五分ほどの短編となって完成した。知り合いの映画館で上演してもらうが、評判はまったく芳しくなかった。経費の回収は望むべくもない。それでも、めげることなく次の作品にかかる。

けれども、第二作目も失敗だった。そもそも最初に会社を立ち上げる際に、出資を募《つの》っていたので、借金で首が回らなくなる。もうこれまで、と思われた。自分の夢は、これで終わる。ただ、終える前にもう一度、人生の記念となる作品を残したいと思った。

売れる売れないは二の次である。テーマは、自分の子ども時代とおのずと決まった。家はつまらなかったものの、休み時間に大暴れできた学校。クラスメートの喝采を浴びた自分を投影したものを作って、すべてをあきらめようと考えた。こうして、ミッキーマウスは生まれたのである。

ミッキーマウスへの非難

第三作への反響は、ディズニーが予見していたのとはまったく違っていた。上演一週間でカンザス中の人気となり、またたく間に全米に流布したのである。それまでの二作は、「かわいい」童話仕立ての内容だった。だが、人が映画館にアニメを求めてやってくる内容は、もっと暴力的・攻撃的であるらしい。おそらくそれは今も変わらないのかもしれない。ウォルト・ディズニーの名は一躍、アメリカ中に広まった。ミッキーマウスを主人公とした作品の、シリーズ化が開始された。

もっとも、暴力的な内容で人気を博する子ども向け作品が、良識ある大人の批判の的となるのも、古今東西を問わないようだ。ミッキーマウスも社会のアイドルとなると同時に、非難の声が聞かれるようになっていった。いわく粗暴で、教育上、好ましくない。少しでも人の道を踏みはずすとみなされるような行動が入ると、抗議の手紙が山のようにディズニーのもとに届けられた。

むろん無視するわけにはいかない。かくしてミッキーは、時代の変遷と共に行儀の良い穏和なネズミへと変貌していく。今日、私たちのイメージのなかにあるミッキーは、まさしくこの「変わりはてた」姿である。

それと共に、顔つきも姿勢も変わっていった。デビュー当時の表情は、今日では考えられないほど精悍《せいかん》である。目つきも鋭い。よく見ると、ウォルト・ディズニーにそっくりである。ここからも、彼がいかに濃厚な自己投影をしていたかがうかがえるだろう。それが年月の経過と共に、より幼児的になっていく。

ハーバード大学の教授で形態学者だったスティーブン・グールドに、『ミッキーマウスに生物学的栄誉を』という有名なエッセイがある。そのなかで彼は、ミッキーの誕生から晩年までの形態変化の詳細な分析を行なっている。

結論だけ書くと、年と共にミッキーは頭でっかちになり、目が大きくなり、逆に鼻と口は小さくなって、そして体全体がずんぐりとしていった。これは、一種の〝赤ちゃん返り〟である。

とりわけ頭部の諸特徴については、行動学者のコンラート・ローレンツが示した「幼児図式」と実によく符合している（図8-1）。ただし幼児が図にあるように独特の風貌であるのは、「自らの存在をアピール」する目的のためではない。発育上、身体の諸器官の成長のテンポは均一でなく、目や脳は生存上、早く成熟する必要がある。だから生まれた直後は、そのプロポーションが大きく、時間を経るに従って相対的に小さくなっていく。ただ、それだけのことである。

にもかかわらず、私たち大人はローレンツの図にあるような幼児を目にすると、つい「かわいい」と感じてしまう。それは子どもの方にではなく、大人の方に、こういう子どもの特徴をいつくしむ感受性が備わっているからだと考えられる。

その法則に従って、ミッキーマウスは変容を遂げていったのである。

図8-1　ローレンツが示した赤ちゃんの「かわいらしい」形態的諸特徴を示す幼児図式（ローレンツ、1943より）

ディズニーランドの構想

もっともミッキーマウスのような変わり方は、とりたてて珍しい現象ではない。かつて私は、朝日新聞に二七年にわたって掲載されたマンガ『フジ三太郎』にも、同じことが当てはまることを書いたことがある。ただし、双方には重大な違いがあることもまた事実なのだ。

『フジ三太郎』の場合、キャラクターはサトウ・サンペイによって一貫して描きつづけられた。けれどミッキーの場合、そうではない。グールド自身は、このことをよく承知していて、エッセイのなかで常に「ミッキーの作者たち」と複数扱いで表現している。ただし読み手がそれをどこまで認識しているかは、定かでない。

実際には、初期の暴力的なミッキーはウォルト・ディズニーによって描かれた。しかし、そののち彼は二度と筆を執ることはなかった。ミッキーのデフォルメ、すなわち世間への迎合は、ディズニーでないスタッフによって行なわれた。

ディズニーは、自分が好きなものを好きなように描くことはしたけれど、社会の要請に応じて不本意な形のキャラクターを描く気には、とうていならなかった。いくら金のためとわかっていても、嫌なことはしたくない――そういう頑固というか、わがままなところも、多動人間に共通する特徴かもしれない。彼は過去に執着することなく、次のアイデアをあたためていた。それこそ、巨大なアミューズメントパークを作るというアイデアにほかならない。

彼は、自分が何をどれだけ、したい放題にしても誰にも文句を言われることのない場所を夢みていた。厳しい父親も授業もない空間を、いつか自分の手で作ってやるという執念を、現実の形にしたいと希っていた。

すでに書いたように、多動とひとことで言っても、その程度には個人差がとても顕著である。子ども時分に多動症と判定されても、思春期を過ぎると、その面影さえとどめないといったことも珍しくない。けれどもディズニーの場合は、死ぬまでその徴候が消えることはなかったようだ。「行動が衝動的だ」と、よく非難を受けた。

この傾向を、見事にデモンストレーションしてくれるものとして、「動作禁止実験」というのが、よく知られている。たとえば被験者に緑のランプが置かれた机の前に座ってもらい、それが点灯すれば目の前のボタンを押すという課題を遂行してもらうことにする。

ただし机の上にはもう一つ、赤いランプも、緑と並んで設置されている。そして、「緑のランプがつく際に、実はその直前に一瞬だけ、赤のランプが先にともることがあります。その時には次に緑が点灯したとしても、ボタンを押さないで下さい」とお願いする。

すると、ふつう、赤がついた際には、次に緑がともってもボタンが押されることはないのに対し、多動症者の被験者では、赤が点灯しない場合と同じように反応してしまうことが往々にして起こる。直前に指示を与えたとしても、次に開始を念頭に置いている行動を抑制することが困難なのである。

頭でわかっていても、どうしようもできない。ディズニーも、これに一生悩んだ。だからこそ、そういう悩みを持った者でも抑制できないことにわずらわされることなく、思うままに衝動的にふるまえる所を、と考えた。それが、ディズニーランドの基本コンセプトとなった。

生涯続いた徘徊癖

事業の収益をすべて蓄積したのち、ディズニーランドの構想は数十年の歳月を経て、現実のものとなる。完成するや、ウォルトはディズニーランドの運営に、あたかも家庭を築くかのように没頭した。

園内で来園者がスムーズに移動できるように工夫をこらし、周辺地域で交通渋滞が起こらないよう配慮し、食事がおいしく、しかもすばやく提供できるように指示を下した。マスコミ関係者を定期的に招待しては、その意見に真剣に耳を傾けることも怠らなかった。

日中をディズニーランドで費やすのはもちろんのこと、夜もオフィスに泊まることが珍しくなかった。パジャマの上にガウンをはおっただけで、人気のない園内を歩き回った。園内のあらゆる物に、彼は愛着を感じていた。それは家庭に暮らす者が、家の調度を愛でるのと等しかった。従業員は彼にとって、家族だった。

昼間は、さまざまな用務に追われる毎日であったものの、それでも暇さえあれば、そこら中を、やはり歩いて回った。それは、目的があってのことではない。彼はただ、うろつくことを誰にもとがめられず、堪能したかったにすぎない。多動症の徘徊欲求は終生失われることはなく、彼はそれを無制限に発揮できる今の自分が、うれしかった。

徘徊して、彼はごみを拾った。だから結果として周囲には、ディズニーは園内を清潔に保つ目的であちこちを巡回しているように受けとられた。部下の方が、気をつかった。アメリカ人はピーナッツが好物である。しかしディズニーランドでは、ピーナッツは殻も皮もむいたものしか販売しなくなった。チューインガムも売られなかった。

今日の日本にあるディズニーランドですら、清潔なパークということが重視されており、常に従業員が清掃のため、巡回を行なうシステムが確立している。ほかのアミューズメントパークにはないあの制度は、ディズニーの徘徊癖からでき上がったのである。

社会状況と障害の認定

一九九〇年代以降、アメリカでも日本でも、多動の子どもの数は以前よりはるかに増したと報じられている。本当にどのぐらい増えたのか、真偽のほどは不明であるが、確かに衆目を集めるようになったことは疑いない。

個々人の多動傾向は、かなりのところ遺伝する性質であることもわかってきた。ノルウェーでの大規模な双生児研究によると、二卵性双生児より一卵性双生児の方が、発症年は圧倒的に高くなる。最大八〇パーセントの遺伝率があると報告されている。その遺伝子は、ドーパミンという神経伝達物質に関する受容体において、その感受性に関与しているのではないかとも指摘されている。

本書に紹介したほかの障害については、脳の特定の部位に障害が生じているのに対し、多動症では、この物質への感受性についての遺伝子の欠損が障害の原因とみなされている。結果として、行動の抑制とかコントロールが効かなくなるのではないか、というのだ。ただし遺伝だけでは、説明がつかないという。たとえ多動への遺伝的要因が備わっていたとしても、その発現をどれほど促すかは環境要因に大きく左右される。

現代の学校中心の日常生活が、多動の子どもにとって、より生きづらい世界であることはすでに書いた通りである。多動症のディズニーは、そのまさに「とば口」に幼少時を過ごした。そしてそのディズニーが、アニメーションに代表される子どものためのオーディオ・ビジュアル・メディアの世界への道を拓いた。

しかもディズニーが築いた子ども文化の世界は、多動であった彼の宿怨のこもった、「多動であることを肯定する」内容のものであった。そこにどっぷりと浸ることは、すなわち遺伝的要因としての多動傾向を、可能な限り発現するべく促す働きを持っているように私には思えてならない。また実際、今日の子どもの大半は、どっぷりとそこに浸って大きくなる。

もし多動肯定の情報を大量に摂取しつつ、否定的な現実生活を生きねばならないのだとしたら、彼らは一種のダブルバインドの世界を生きていることになる。だからこそ多動の子どもは増加しているのではないか。もしそうであるとして、そのきっかけを作ったのが自分であると知ったとすれば、自ら多動に悩んだディズニーが生きていたら、なんと感想をもらすだろう。ぜひ聞いてみたいと思うのは、私だけだろうか。

第9章　遊芸人としてのモーツァルト

ヴォルフガング・アマデウス・モーツァルト。一七五六―一七九一年。オーストリアのザルツブルグに生まれる。五歳で最初の作曲を試み、以降三五歳で早逝するまでに数々の名曲を残す。

天才をつぶす日本の学校教育

　この本の原稿を書きつつ、今まで紹介してきた天才と呼ばれる人の人生を改めて振り返ってみると、一つの共通した特徴に気がつく。それは、成功を遂げるにあたり、学校教育が何らかの貢献をしたケースが、どれ一つとして見当らないということである。

　結局のところ、学校教育というのは、子どもの能力を培い、育むというようなことは、していないのだろうとさえ、私は感じている。入学以降、教える内容をだんだんとむずかしくしていって、生徒・児童ごとに各ステップで、「ほら、君はここまできたけれど、ここから先はできないじゃないか」とふるいにかけているだけなのではないかという印象を強く抱く。

そして、国・文化の差を問わず初等教育は、読み書きと計算から始まる。結果として、それが不得手な子どもたちは、たとえそれだけが不得手であとは何の問題がなくとも、スタートで選抜のあみからもれる事態に陥ってしまう。

今この原稿を書きながら、困惑するのは、天才と呼ばれる日本人を近代以降で挙げるにあたり、さしあたり坂田三吉しか思いつかないという現実であり、しかも坂田は半年間しか学校という所へ行かなかったという事実である。目下のところその理由としては、江戸時代の寺子屋以来、わが国では初等教育がほかの国に比類がないほど整備されていたことがやはり最有力なのではないかと思っている。

封建時代の庶民ですら、子どもの教育に熱心であった。カリキュラムも体系だっていた。それは一見、非常に好ましいことのように見えるけれど反面、教育システムにそぐわない、いわゆる「落ちこぼれ」をふるいにかける制度もまた、発達していたことを意味するように思えてならないのだ。

結果として、この本に紹介できるような天才を生んでこなかったのではないだろうか。平均的には教育水準が高く、つぶがそろっているものの、悪い意味で「どんぐりの背くらべ」の状態に子どもを育てる風土を作ってきた可能性が高い。

「からすたろう」の世界

発達障害が天才を産む土壌であるのならば、発達障害が遺伝的素因に基づいている以上、日本人にもほかと同じように天才の素地を持った子どもは生まれてきているはずである。ただその素地を伸ばす環境が乏しいから、坂田以外の天才は育たなかったということになる。

そして事実、こういう私の推論がさほど的はずれでないことを示唆する半ば実話に近い話が記録されている。『からすたろう』という絵本として出版されたものが、それである（図９−１）。少し長いものの、ともかく、その一部を以下に引用してみることにする。

図９-１『からすたろう』の表紙

ぼくたちが、むらの　がっこうに　あがった　はじめての　日《ひ》のこと、
男《おとこ》の子《こ》が　ひとり　いなくなって　いました。その子《こ》は、きょうしつの
ゆかしたの　くらい　ところに　かくれていました。
だれも、この子《こ》を　しりませんでした。その子《こ》は、
とても　ちいさかったので、
ちびと　よばれるように　なりました。

六年生になると、いそべ先生という人が新たに担任となる。
いそべ先生《せんせい》は、がっこうの　うらの　おかの　上《うえ》に、よく　子《こ》どもたちをつれていきました。
ちびが　のぶどうや　山《やま》いもの　あるところを　よく　しっているので、先生《せんせい》は、とても　ごきげんでした。
クラスの　花《か》だんづくりを　するときも、ちびが　花《はな》のことを　よくしっているので、先生《せんせい》は　かんしんしました。
先生《せんせい》は、ちびの　かいた　白黒《しろくろ》の　えが　すきで、みんなに　みせるためにかべに　はりだしました。
先生《せんせい》は　ちびしか　よめないような　しゅうじでも、かべに　はりだしました。
ときどき　先生《せんせい》は、まわりに　だれも　いないとき、ちびと　ふたりだけではなしを　することが　ありました。

しかし、その年の学芸会にちびが登壇したのだった。

「ありゃ、だれだい？」

「あの　あほうが、あんなところで　なにを　するのかい？」

いそべ先生《せんせい》が、ちびが　からすの　なきまねを　するのだと　はっぴょうしても、

みんなは、「なきごえだって？」「からすの　なきごえだって？」「からすの
なきごえだとよ！」と、口《くち》ぐちに　いいました。

「烏《からす》のなきごえ」

はじめに　ちびは、かえったばかりの　あかちゃんがらすを　まねました。

つぎに　かあさんがらすの　なきごえを　まねました。

それから　とうさんがらすの　なきごえを　まねました。

あさ　はやく、からすは、どんな　なきかたを　するのか、してみせてくれました。

また、むらの人《ひと》に　ふこうが　あったとき、どんなに　なくかを、してみせてくれました。

からすが　うれしくて　たのしいときには、どんなふうに　なくかも
してみせてくれました。

（中略）

そつぎょうのあと、子《こ》どもたちは、ときどき、いえの　ようたしに、
まちに　でてきました。

ちびも、かぞくと　いっしょに　やいた　すみを　うりに、
ときたま　まちへ　やってきました。

しかし、もう　だれも、「ちび」なんて　よびませんでした。

みんな、「からす たろう」と　よびました。「やあ、からす たろう！」

するとからすたろうは、そのなまえがきにいったというように
うなずいては、ほほえむのでした。
そしてしごとをすませると、山《やま》のくらしにひつようなかいものなどを
するのでした。
そうして、おとなになりかけたかたをじまんげにはって、とおい山《やま》のいえに
かえってゆくのでした。すると、山《やま》みちにさしかかるあたりから、からすの
なきごえがきこえてくるのでした。――うれしくてたのしいなきごえが。

ディスレクシアとしての「からすたろう」

『からすたろう』は一九五五年、まず『Crow Boy』というタイトルでアメリカで刊行された絵本である。文・絵ともに作者は、八島太郎というペンネームの日本人。

八島は一九〇八年に鹿児島県に生まれ、東京美術学校に入学している。現在の東京芸術大学である。だが入学後、教科にあった軍事教練を拒否したことによって退学処分を受け、その後はプロレタリア美術運動に加わることとなる。

小説家の小林多喜二とも親交があり、昭和八年に虐待死した際に死に顔をスケッチして後世に残したのも八島であった。その後一九三九年に渡米、第二次大戦後も彼の地にとどまり、や

がて故国での体験を題材とした物語を絵本の形で発表するようになる。その代表作の一つが、『Crow Boy』である。それが本陣自身の手で日本語版が製作され、一九七九年に東京の偕成社から出版、今日も読み継がれている。

日本版を出すにあたって八島は、奥付のページに献辞を新たに書き加えている。「この絵本を磯長武雄、上田三芳の恩師にささげる」とあり、本文に登場するいそべ先生が、この二人をモデルとして合体させたものであると、ことわっている。おそらく大正年間に鹿児島県の郡部で実際にあった小学校での出来事が当時まだ小学生であった八島の記憶に強くきざみこまれ、後年この作品を残すに至ったのだろうと推測されるのである。からすたろうはそのころ、八島の故郷に確かに実在したのだろう。

八島は、「からすたろう」を日本の公教育になじめなかった「落ちこぼれ」「劣等生」とレッテルを貼られた経済的に恵まれない実在の子どもととらえていたようだ。けれども知識というのは、学校の授業で教わるものばかりがすべてではなく、日常生活でしか学び取れない知識でもあり、その面では「からすたろう」は貧しくとも決して劣っていないと考えていたのだろう。だが、八島太郎自身が絵本に作品として残した絵そのものは、それ以上のことを物語ってくれているのだ。それが図9-2に引用した「からすたろう」が書いたという習字の作品にほかならない。ここにあるような不思議な漢字は、ディスレクシア（読み書き障害）の子どもが書く文字の典型なのである。それは現代でも大正年間でも、おそらく同じだったはずである。因

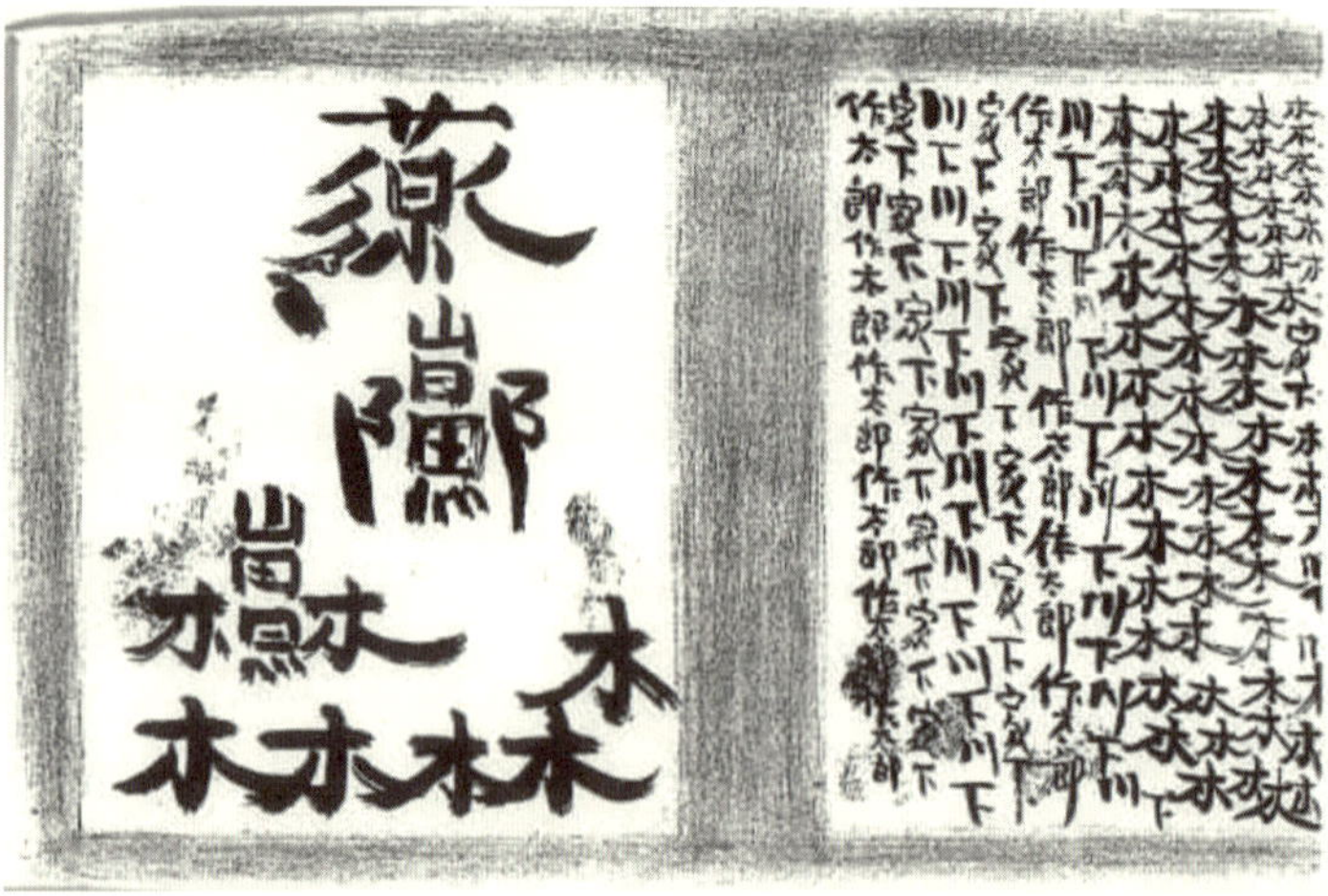

図9-2 「からすたろう」の習字

みに八島がいくらイマジネーション豊かなアーティストであったとしても、まったく何もネタを持たないままに、落ちこぼれの生徒の変な習字作品として、ディスレクシアの子が書く文字とそっくりなものを、想像するということは、あり得ない話だろう。まちがいなく彼は、からすたろうのモデルとなる子がこういう漢字を書くのを頻繁に見聞していたと思われる。

すでに第3章で書いたように、ディスレクシアと一口に言っても障害には程度差がある。そのきわめて著しい例が坂田三吉であることもすでに書いた通りである。「からすたろう」の場合、坂田ほど障害の程度は重度ではなかった。かな文字については、おそらく定型発達児より学習に時間は要しただろうものの、最終的に書けるようになっただろう。ただし、漢字となると途端に難渋することになった。

むろん漢字のなかでも、「子」や「中」や「日」といった単純なものであるなら問題はない。それでは何がむずかしいかというと、初歩で学んだそういう簡単な文字（あるいは文字様のもの）を要素として組み合わせ、一種の複合体であるような字を表すのがたいへんなのである。日本人なら誰でも知っているように、漢字には部首というコンセプトがあるが、まさにあれである。「ヘン」や「ツクリ」や「カンムリ」を覚え、それらを適切に組み合わせて目的の字を構成していく。その構成能力に障害が出現する。

端的に、それだけでは文字としては通用しない部首のみを、あたかも文字の如く書いてみせる、あり得ない部首の組み合わせをする、あるいは「ヘン」と「ツクリ」をあべこべにして左に「ツクリ」を右に「ヘン」を書く……といったことをしがちになる。八島が描いたところの「からすたろう」の習字作品が、まさにそれにあたる。

ふつうの小学校の教師なら、過ちを本人に正すように指導することに終始するはずのところ、物語のなかのいそべ先生は、そういう字でも教室の壁に貼りだしたところが、八島を魅惑したのだろう。おそらくいそべ先生にとって、習字で書く文字は言語を伝える媒体として適当かどうかもさることながら、表現として美しいかどうかが関心事であったのだろう。

だからこそ先生は、「からすたろう」のよりすぐれた能力に気づくことになる。そしてそれはまさに発達障害としての学習障害を持って生まれた人間ならではの、資質が、如実に表出したものにほかならないのだ。

「からすたろう」のすぐれた資質

具体的に「からすたろう」には、クラスメートにはない「すぐれた資質」が二点あることが、作品のなかでは語られている。

まず一つ目は、リアリズムに富んだ風景の描写能力がそれである。八島が絵本のなかで同じページに対比するように示したように、書字はおよそ体をなしていないにもかかわらず、絵は現実を的確に描出している（図9-3）。むろん、この絵は八島が描いているけれどおそらく、同程度に写実性の高いものを主人公も実際に、描いたのであろう。

そして第二は、まさに本物語のメインテーマである、カラスの行動への鋭い観察眼と、観察に基づく知識の蓄積のすごさである。「からすたろう」は学科の成績は劣っていても、きわめてすぐれたカラス研究者であった。「サカナくん」ならぬ「カラスくん」である。

この本のなかで作者は主人公が今から百年近く前に十通り近くのカラスの音声レパートリーを鳴き分けてみせるのを描いている。二一世紀に入って以降、カラスの行動研究が盛んに動物学者の中で行なわれるようになり、彼等はざっと三〇種類ぐらいの違う声を用いて、互いにコミュニケーションをとっていることがわかってきた。しかし、それはほんのここ十年余りのこ

図9-3 「からすたろう」の風景画

とであり、それ以前はたいていの人がカラスといえば「カー」と鳴くのがせいぜいと思い込んでいたのを考えると、驚嘆すべきことといえるだろう。

そして、「からすたろう」がすぐれたカラスウォッチャーだったのは、単に自宅が学校から遠く離れていて通学中にカラスを頻繁に見る機会があったからでも、クラスメートから仲間はずれにされてカラスを見るしか時間をつぶす術がなかったからでもない。家が学校から離れた山の中にあったところで、仲間はずれにされたところで、たいていの子どもはすぐれた「カラスくん」には育たない。

育つにはそれ相応の資質が備わっていなければならず、「からすたろう」にはその天分があったのだ。しかもそれは彼が発達障害を持って生まれたことと、深く関係しているのである。

本質的に彼は、「ひと」に興味がない性分の人間であり、それゆえにひとを取り巻く環境に目を向けるタイプだった。まさに第一章で紹介したような、洞窟壁画の作者たちと同類であると考えられるのだ。

しかも、ただカラスの生態について豊富な知識を持つにとどまらず、からすたろうの場合、自らカラスを演じてみせることにも長けていたという事実を、見逃してはならないだろう。彼はパフォーミング・アーティストの才をも、あわせ持っていた。

第1章で洞窟壁画についてふれた際、未だ解明されていない話として、どうして外界ではなく洞窟の内部にのみ絵画が描かれたのかも、その一つであると書いたことを、思い出していただけると幸いである。その問いへの糸口が、まさにこのからすたろうの「特技」にあるのだ。

音楽の起源

生物の進化という考え方を今日認められている形に確立したことで知られるチャールズ・ダーウィンが著した書物に、『人間の由来』という邦題で訳されているものがある。進化について考察した著名な『種の起源』を出したのち、一八七一年にヒトがどのような過程を経て、現在ある姿に至ったかを論じたもので、そのなかで彼は音楽を楽しむ感性は、人間に生得的に備わったセンスであると考察している。

実はダーウィンは、地球上に音楽を歓楽としない人類文化が存在しないことに初めて言及した研究者なのである。では、どうして音楽は人類普遍なのか、というと何らかの形で音楽のようなものを奏でるのが、人間の本能であるからという。ダーウィンは人間の感情表現と伝達の手段として、音楽の役割が重要であると考え、そういう形のコミュニケーションが複雑化して、やがて言語が誕生したと考えていた。それゆえ音楽の起源の方が言語より歴史が古い、こととなる。ヒト以外の動物が叫び、鳥がさえずるように人類は音楽に携わると彼はいう。

それゆえ人類の音楽文化のなかでもっとも原初的な形態をとどめるのは、美しく響く動物の音声を、メロディーという形式で模倣した表現形式であろうとダーウィンは思いをめぐらすのであるが、こういう彼の一連の推論に従うならば、からすたろうが、がくげい会で演じてみせたのはまさに、人類の音楽表現にほかならないということになる。

加えて、絵を描くこととそうした音楽表現とが密接にリンクしていることを示唆する証拠も存在することが明らかとなっている。実は壁画の描かれていた洞窟内で、音楽が演奏されていた可能性が存在するのである。

具体的には人類史上で最古の楽器とされる、シカなどの大型哺乳類の骨を利用して製作された笛がいくつか、洞窟内で発見されているというのが、第一の証拠である。こうした楽器は一般に、ボーン・フルート（bone flute）と総称されているものである。

ボーン・フルートはおおよそ三万年前に地球上に出現したとみなされている。骨には規則的な間隔で穴が人工的にあけられており、息を吹きこむと一定の音階を刻むことができるように工夫がなされている。このような意図が認められる人工物は、三万年を遡っては発見されておらず、しかも三万年という年代は洞窟壁画の出現と期を一にするばかりか、まさに問題の洞窟で見つかることがあるため、それで偶然の一致と片づけるのは困難とする見方が出てきたのも、当然といえば当然の成り行きなのであった。

そこで音響工学の専門家のなかに、実際に壁画の描かれている洞窟内のさまざまな場所で音響調査を行なう人々が現われた。イアン・レズニコフの研究グループがそれで、三年にわたり南フランスの三ヶ所の洞窟内に入り、画の描かれている場所一五ヶ所と、何も描かれていない所四五ヶ所の計六〇ヶ所で、多様な音域の弦・管・打楽器音と歌声を流し、どう響くかの評価を試みたのだった。

すると、反響が良い場所には必ず絵画が描かれている事実が判明したという。一回の拍手や発声を五度から七度もエコーが聞こえる箇所も報告されている。さらに音域としては、バスからバリトンにあたる、男性の声がよく強く響いたはずだと考察している。彼等の推定によると、壁画のある洞窟はいわば、コンサート会場として用いられていた可能性がある。いや、コンサート会場として使われたからこそ、そこに絵を描いた可能性が高いという結論が導かれるのである。

まだ植物の栽培や動物の飼育が行なわれず、人々が生活の糧を狩猟採集に依存していた先史時代、食料を確保するといってもそれは、そう容易なことではなかった。とりわけ動物性タンパク源の確保には生命の危険がつきまとう。狩猟に出かける前に、何らかのセレモニーが行なわれたとしても、決して不思議なことではない。命が脅威にさらされる対象たる動物のイメージを前にして、その動物の鳴き声や叫びを模した音楽的パフォーマンスが素朴なものであるけれども楽器を用いたりしてなされたのかもしれない。

いずれにせよ、そういうパフォーマンスの場で活躍したのは、「からすたろう」のような人物であった確率は非常に高い。

人類の祖先の狩猟採集生活を営んでいたころには、「からすたろう」のように「良き自然観察者」であることは、稀有の資質であったと想像される。動物の習性に詳しいばかりか、天候・天体の動きを読んだり、あるいは簡便な道具を動物の骨などから製作する才の持ち主がいてこそ、集団としての人類が過酷な環境を生きのびることができた。

もっとも自然界で自分たちがどう生きていくかに思いをめぐらすことに長けた人々は、集団・社会内で人々が互いにコミュニケーションをはかり、どう上手くやっていくかに関しては、疎かったことだろう。

また全体の中における双方の人口比を考えると、後者の方がマジョリティーであったことは疑い得ない。けれどもマイノリティであっても、「からすたろう」に代表される人々は人類にとって、不可欠の存在であったのだ。タイプの異なる人間をいわば両輪として初めて、歴史は文明の誕生に到達することができたと考えられよう。

シュピールマンの世界

だが人類が文字を発明し、道具を製作し、自らを取り巻く環境を望むように改造しだすことによって、状況は大きく変化する。それまでは人の口から口へと伝えられてきた知識(情報)が、書きとめられるようになり、それを読むことによって、伝承されるようになっていった。

狩猟採集生活からの脱却は、すなわちそれまでのような「からすたろう」に代表される、マイノリティの人々による経験知に依存しないライフスタイルへの移行を意味する。マイノリティは社会の中での、居場所を見つけることが困難になっていったと想像される。

ドイツ語にはRandgruppeという表現がある。Randは周縁、gruppeは集団を指す。英語では、marginal groupと訳される。社会の周縁にいる人々、社会的周縁集団とでも呼ばれる人々の集まりのことであるが、まさにそういう立ち位置へと、追い込まれていったと思われる。

ドイツで歴史的に、Randgruppeというレッテルを貼られている職種の代表例が、遊芸人と呼ばれる人々であるのはそれゆえ、決して偶然ではない。Spielmann（複数形は、Spielleute）と表記される人々のことである。英語ではwandering minstrelと記されることが多いようだ。

spielとはplay（演ずる）という意味のドイツ語単語で文字通り、「芸人」を指すのだけれど今日と違って昔は芸人は、定住生活を営んでいなかった。むしろ、定住を許されなかったと書く方が現実に即しているかもしれない。そして当事者たちも定住に固執せず、いやむしろ放浪の方に固執したきらいも否定できないのかもしれない。

それゆえヨーロッパ全体が封建体制へと移行した中世になっても、ほぼすべての領民が領主のもと、特定の土地にしばりつけられて生業を営んだのに対し、遊芸人は自由に各地を転々とする権利を与えられていたのである。そして楽器を奏で、うたを歌い、踊りを披露してまわっては収入を得た。定住しないゆえに税を納める義務も免れた。ただしその代わり、身分的には最下層の民とみなされた。まっとうな生業に就くことのない、一種のあぶれ者の扱いに甘んじる代わりに、世界を自由に移動することを保証されていたのだった。ごく最近まで、サーカス団の人々もやはり各地を転々とテントを張りつつ回っていたのも、この名残といえるだろう。

それればかりではない。非常に類似した職業集団が、非常によく似たライフスタイルで存在するケースは世の東西を問わず、世界各地に見られるのである。たとえば西アフリカの部族社会における遊芸人は、フランス語でグリオ（griot）と総称されてきている。

日本でも室町時代以降、能・狂言に始まり田楽・猿楽や、歌舞伎等々のパフォーミング・アートをになってきた人々が、河原者とか河原乞食とか呼ばれ、民衆・大衆とレッテルを貼られた一般人に娯楽を提供すると同時に、蔑まれる身分に甘んじなければならなかったのは、衆目の認めるところである。主要河川の河原は、土地の所主権が発生しない場所だった。いつ何時、水没してしまうかわからない。彼らは、そういう所にのみ生活することが許された。その代わり租税を納める義務を免れ、全国を自由に移動する特権を与えられて、得意とする芸を演じてまわった。

歌舞伎が今日なお、基本的に世襲であることからわかるように、シュピールマン・グリオ・河原乞食の世界は血縁によって維持されるのが、原則であった。このことはとりもなおさず、アートというパフォーマンスに秀でた資質というものが、大多数の集団の内で他人とうまくやっていくための資質とは､相容れないものであることを､示唆しているのだろうと私は考える。

ここでいうアートとは、世界を認識し・表現するための心の作用が広く含まれている。そういう技芸にすぐれるということは、多くの仲間と協調する技能とはむしろ相反関係にあるらしい。その一方で、人類は歴史を重ねるなかで、自らの生活する社会を加速度的に複雑なものに変化させてきた。結果として、アートに長けた人々はひたすら世界の片隅へ追いやられるようになっていると考えられるのだ。

最後の遊芸人・モーツァルト

ヨーロッパ世界でも一八世紀には、シュピールマンすらその多くが放浪生活では、多人数が生計をたてるのが困難な社会状況になっていった。アーティストは何らかの形で、固定したスポンサーの支援なしではやっていけなくなった。もっともスポンサーといっても、社会の産業構造が現代とは違う当時では、新興ブルジョワジーにそれを求めることは、まだ無理である。対象は王侯・貴族に自ずと絞られてくる。

そのようにして各地の支配階級を訪ねまわっては、己の技を披露し、あわよくば生活資金を調達しようと奔走した代表格が、かのモーツァルトにほかならないのである。彼こそが先細りの一方のシュピールマンの世界で、最後に打ち上がった巨大花火のような人物だった。

ヴォルフガング・アマデウス・モーツァルトは、一七五六年、オーストリアのザルツブルグに生まれている。父レオポルドはザルツブルグ宮廷楽団のヴァイオリニストをつとめていた。家庭の音楽環境が良好であったのは、事実である。だがそれ以上に、遺伝的な音楽資質に恵まれていた。そもそも父親自身も、音楽家として非常にセンスがあることで当時から高名であった。明らかにその血を受け継いでいたヴォルフガングは、姉のレッスンを傍聴するだけで、三歳ですでにクラヴィーアを弾きこなすようになる。

四歳で正式にレオポルドから手ほどきを受けるようになるや、満五歳になるかならない時期で何ら体系だった教育を受けることなく、作曲を始めるまでになっていった。音楽を見る目が肥えていた父が、これを見すごすはずもない。

そして息子に天賦の才を認めた。その時にとった行動こそ、まさにシュピールマンのものならではのものであったのである。レオポルドは自身のザルツブルグでのヴァイオリニストとしての仕事を放棄し、一家をあげての演奏とヴォルフガングの売り込みキャンペーンの旅に出ることを決断したのだった。

六歳になると、手始めにミュンヘンに出かけ、次にウィーンをまわって半年後に帰着。これは予行演習だったようで、七歳になるやまずドイツ各地を半年かけて歴訪する。次にその足でベルギーを経て、パリに到着。ヴェルサイユ宮殿にも出向いている。さらにドーヴァーを渡りロンドンに滞在、ロンドンからヨーロッパ大陸へ戻りオランダに到着したころには、九歳に成長していた。

このオランダで彼は姉と共にチフスに罹り、危篤にまで陥っている。なんとか一命をとりとめ、それでもザルツブルグへすぐに戻ることはせずにパリへおもむき、再度ヴェルサイユ宮殿を訪問。今度はスイス各地を歴訪してまわり、そののちミュンヘン経由で帰郷した時には、丸三年以上の歳月が経っていた。

しかもその翌年には再び、ウィーンへ向け出発。今度は天然痘になって次の年に帰ってくるものの、年が改まると今度はイタリア行きを決行する。まずヴェローナに滞在したのち、ローマで教皇と謁見。勲章を授かっての滞在は三年に及んだ。そののちも二度にわたりイタリアに出向き、それから再度ウィーンを訪問。一九歳でザルツブルグにいったん落ち着き、宮廷音楽家としての生活を始めると思いきや、すぐさま退転。再びマンハイムを経て、パリへ向かった。

このパリ滞在中に、かねてから病がちだった母親がついに倒れ、帰らぬ人となる。結局のところ就職もかなわぬままに、二三歳で帰郷。ようやく一七年近くに及んだモーツァルトの旅は終わることとなる。

周知の通りモーツァルトは、わずか三五歳で生涯を閉じている。つまり全人生のほぼ半分を、旅に費やしたことになる。彼は身長が、一五四センチしかなかった。加えて病弱だった。当時、旅をすることは土地固有の風土病にかかるリスクを冒すことと直結していたという。乗り心地の悪い馬車に揺られ、すきま風の吹きこむ船で川を行き、宿も演奏場所も衛生状態は劣悪をきわめた。とりわけ冬期の肺炎と気管支炎は難物だったようである。現にモーツァルトの家族のうちの母親は客死しているのだ。

今日のイメージと異なり、旅行をすることは命がけの企てであった時代にモーツァルト一家は、家族を犠牲にしてまで各地に出かけ続けたことを、彼らの体のなかに流れつづけている、シュピールマンの血を抜きに解釈することは不可能だろうと私は考えている。

自閉傾向の顕著だったモーツァルト

シュピールマンのならいとして、彼は学校というものに行くことはなかった。フランスの文学者のスタンダールは、モーツァルトを次のように簡潔に記述している。

芸術家と考えられるこの人物（モーツァルト）は、子どものころすでに人生と才能の頂点に達していた。同時に、一生を子どものままで過ごした。死の日まで、基本的なことすら一人でできなかった。家事、お金のやりくり、自制、節度ある娯楽。どれ一つとっても、彼はきちんとできなかった。頭のなかにあるのは、常に瞬間の快楽だった。

ピーター・デイヴィースというモーツァルト研究者の出した『人間モーツァルト』（一九九二年、ＪＩＣＣ出版刊）によると、学校教育の経験を一切持たなかったにもかかわらず、彼は「ことば遊び」や「数字ふざけ」に長けていたらしい。

モーツァルトは時々、手紙にバカらしいことを書きたい思いにかられることがあった。家族にあてた手紙は、その実例の山である。また、とくに〝ベーズレ〟（アンナ・マリア・テークラ）への手紙が有名だ。モーツァルトの言葉遊びや数字ふざけの例、その技法は、じつにさまざまだった。隠語の言い換え、くだらない綴り換え、さかさ読み、数カ国語表記、韻や散文を用いた奇怪な言い回しや変語。時にはエコー効果をつくったり、びっくり語をはさむこともある。一方では、同意語をくり返したり、音声上の同音語を好んで用いたりもした。このような手紙だから、文字どおり読むと意味不明の文も見られる。その一例として、二四歳の時にいとこにあてた次のようなあいさつの手紙があると書いている。

お父さんと姉のツィツィペからの伝言です。私たち三人からあなたのご両親へ（加えて二人の子、一人の女の子から）1、2、3、4、5、6、7、8、9、8、7、6、5、4、3、2、1とごあいさつ。ぼくから友人たちへは、6、2、4。父からは100、姉からは1、5、0、合計すると1、7、7、4。総計のごあいさつは、1、2、3、4、5、6、7、8、9、8、7、6、5、6、0、9、5。

数字へのこだわりが見てとれるが、今日の自閉症者に典型的に見られるそれと、非常に類似しているのが明らかだろう。

さらに日常行動の特徴にも、共通点が多々見られる。義理の姉にあたるゾフィー・ハイベルという女性が後年、記した手紙には「手を洗っているときも、朝起きるときも、モーツァルトは部屋中をうろうろして、少しもじっとせず、片方のかかとをもう一方で蹴り、いつも考えこんでいた。食事中には、よくナプキンの端を持って、ギュッと握ってしわくちゃにし、鼻のまわりをふいた。その反応からして、自分のしていることにはまったく気づいていないようすで、かと思うと、顔をしかめたりしていた。モーツァルトは気晴らしのために、いつも当時流行のことを熱心にやっていた。乗馬のときもあれば、ビリヤードの場合もあった。つまらないことにモーツァルトが足をつっこまないよう、コンスタンツェは夫と行動を共にしていた。また、両手両脚とも、かたときもじっとしていることはなく、いつもなにかをいじっていた。たとえば帽子、ポケット、時計の鎖、テーブル、椅子などを、クラヴィーアの鍵盤のようにいじっていた。」と書かれている。

シュピールマンの資質

すでに書いたように、伝統的なシュピールマンは音楽の随伴するパフォーマンスによって観衆を楽しませることを生業とする集団だった。むろん彼らは公的なアートの教育を受けたわけでなく、演奏するにあたって譜面があったわけでもなく、楽譜を読む才も持ちあわせていなかった。演奏は基本的に即興であり、他人が演じたものを記憶しては、自らで再演できる術が求められた。

聴覚記憶と絶対音感の能力が、ほぼ不可欠だったと想像される。が、この点、モーツァルトも例外ではなかった。一七七〇年四月、一四歳になるモーツァルトが父と共にローマのサン・ピエトロ大聖堂に入り、システィナ礼拝堂のミサに参列した際の有名なエピソードがある。グレゴリオ・アレグリが作曲した門外不出とされる長大なミサ曲を、一度聞いただけですべて記憶し、採譜してしまったことが知られている。ほかのオペラでも、主要なものをすべて記憶していると、本人自身が手紙に残している。

モーツァルトの音楽の研究者によると、現在に伝わっているように楽譜に従って演奏された彼の楽曲というのは、およそ彼の生きた時代の彼の音楽とは無関係な代物にすぎないことが往々にしてあるのだという。

彼の時代の音楽はその時々の雰囲気や気分で自由に変化するものであり、聴衆とのインタラクションで自由に演奏される余地が大きいものであったという。とりわけモーツァルトは、個人的にもダンスを愛好し、趣味としていた。自ずとその演奏の手法にも、全身体を用いて演じる要素が多く含まれていたらしい。

ウィーンで彼がコンサートのために使ったピアノには鍵盤の最低音よりも、さらに一オクターヴ低い音が脚で弾けるような工夫が施されていたと記録されている。この特殊な楽器を背の低いモーツァルトは、四肢のすべてを駆使して、踊るように演奏した。事実、彼はダンスが大の得意だった。今日の私たちは彼のことを作曲家であったと考え、残された記載をもとに現代の演奏家が奏でるものをモーツァルトの音楽とみなしている。だが彼自身がプレイヤーとして表現した。彼の音楽は私たちの耳にしているものとは随分と、かけ離れている可能性が高い。

自閉症児の音楽資質

そもそも自閉症という障害を持つ子どもの存在が第二次世界大戦のさなかにオーストリアのアスペルガーとアメリカのカナーという二人の精神科医によって、ほぼ同時に発見された時、

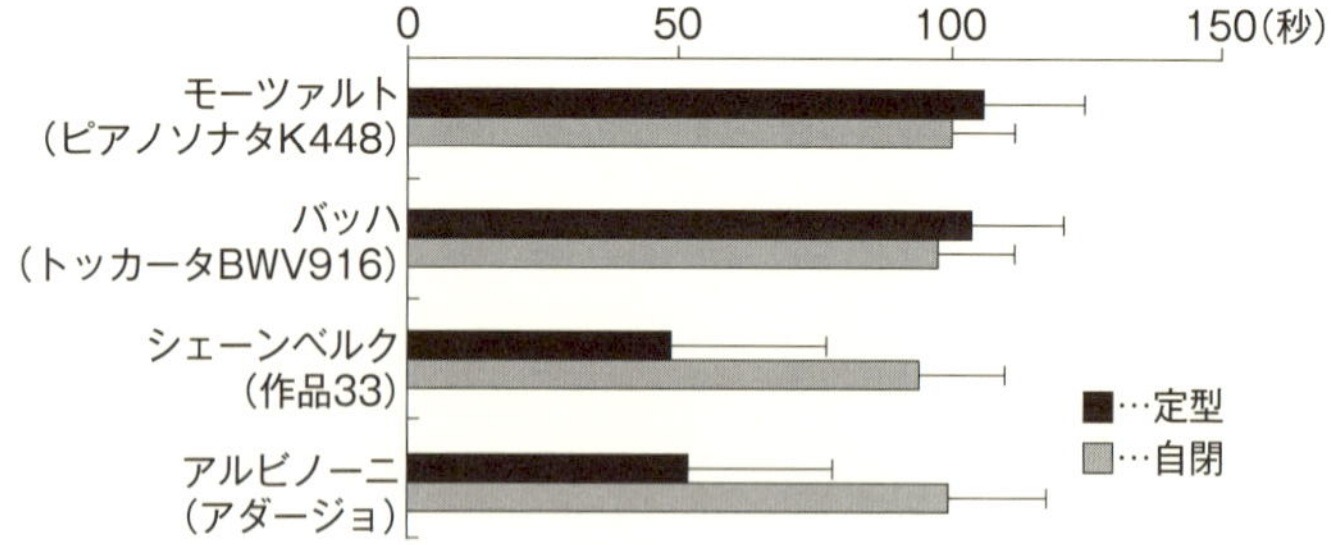

図9-4　自閉症と定型発達児における四種の音楽作品についての聴取時間の比較

両人ともがそうした子どもが往々にして、非凡な音楽センスを持っていることに気づいていた。私自身が四歳から七歳の障害のある子どもを対象として行なった実験でも、彼らの方が定型発達の子どもより、多面的に音楽への資質にめぐまれていることが明らかとなっている。

具体的に四種のクラシック音楽（モーツァルト・バッハ・シェーンベルク・アルビノーニ）を望むだけ自由に聞くことができる状況を設定し、聴取した時間を比較してみると、自閉症児の方が定型発達児よりも、長く聴いていることがわかる。とくに注目すべきなのは、シェーンベルクのピアノ曲（作品33）とアルビノーニのアダージョ（一九五七年にオーソン・ウェルズがカフカの『審判』の映画化にあたり、作品のテーマ曲として用いたことで有名になったもの）への反応で、この二曲は多くの不協和音から構成され、通常は小学生以下の子どもには好まれない作品とされているにもかかわらず、自閉症児はモーツァルト（ピアノソナタK448）やバッハ（トッカータBWV916）と同等に好むという事実である（図9-4）。

それは決して、不協和音と協和音を区別する感覚が鈍いからではない。ためしにモーツァルトのメヌエット（K１）を刺激として用い、その聴取時間を同じ方法で作品の中の音階を半音上げたり下げたりして、ほとんど全体すべてが不協和音の構成になってしまった曲とで比べてみる。すると自閉症児の方が定型発達児より、オリジナルのメヌエットはより長い時間聴取し、不協和音に変化した曲は逆に、より聴取時間が短くなることが判明した。協和音と不協和音の区別は、より鋭敏でありかつ、前者のみを好む傾向が強いのである。

加えて、自閉症児には、特異的な絶対音感の能力が珍しくなく、また一度耳にしたメロディーを記憶する力もすぐれていることが明らかとなってきている。自閉症の人々がたいへん音に敏感なのは今日では、周知の事実となっている。人工音が巨大な音量で氾濫する現在の日本の都市部のような所では、それによって無用にイライラさせられ、ついついキレやすくなるという不幸な事態が生まれている。だが本来的には、障害は尋常でない音楽への美意識とリンクしているのである。

社会的周縁集団の終焉

モーツァルト一家が一七年かけてヨーロッパ各地を巡ったところで、思うようなスポンサーがつかなかったのも、一連の行状を鑑みると当然といえば当然であった。母の死の前年には、旅先で知り合った女性と結婚しているが、その相手もやはり同様のシュピールマンの娘であったのも、驚くに値することではないだろう。放浪の民はやはり放浪の民同士と、価値を共有するしかなかったのだ。

二三歳でザルツブルグに戻ると、ついに観念して司教の宮廷オルガン奏者としてセトゥルダウンすることとなる。しかしながら、ここでも評判は散々だった。大司教に嫌悪され、ルンペン・ライスブブ（シラミ野郎）・フェクス（精神異常）・エーレンダ・ブプ（病気持ち）とののしられ、部屋からうせろと言われたというモーツァルト自身の手紙が残されている。

そうこうしている間に、旅の途中でマンハイムに置いてきた乳飲み子の長男は死んでしまい、その死に目に会うこともなく失意のうちにザルツブルグでの職を投げ出し、今回はウィーンに定住することを決意していったのだった。

結局のところモーツァルトは、ヨーロッパのメインストリームからは理解されることのない人物として一生を終えたのである。彼がクラシック音楽の天才として祭り上げられるとは、死後の啓蒙主義の勃興を待たねばならなかった。その結果としてでき上った彼の虚像が、生前の姿と似ても似つかないものになってしまったのは言うまでもない。啓蒙主義は同時に、ヒトと自然を明確に分離し、後者に対する前者の優位性を強調、自然はヒトによって活用されて初めて価値を発揮するとの考え方を世界に定着させた。自然と共に「ある」マイノリティは排斥される運命にあった。

虚像としてのモーツァルトが、実像にとって代わったことはすなわち、社会的周縁集団の終焉を意味している。集団を形成していた人々は、市民権を喪失し、障害者と呼ばれる途をたどることになったのである。

第10章　発達障害はなぜ進化したか

誰にでも起きる発達障害

この本ではここまで、九人の人生に沿って九通りの発達障害の事例を追ってきた。当人が直面したハンディキャップの内容は、それぞれ異なっていることがおわかりいただけたことだろう。そして、現実にはこれ以外にも、もっと別の発達障害が存在している。どうして、そう多様なのか。

それは、障害が生ずる脳の部位がおのおの違うからだろうと推測される。ではなぜ、そのようにいろんな部位で障害が起こるのだろう。

断定はできないものの、おそらく遺伝的な要因によるのだろうと、今日ではみなされるようになってきた。その代表例が、自閉症スペクトラム症についての場合である。そしてほかの障害についても、類似の報告が相ついでいるのだ。

私たちの頭というのは、非常に性能の良いコンピュータにしばしばたとえられる。けれども実は、ある側面について、出来の良さという点では、今どき市販されているものと、どっこいどっこいのところもあるらしい。

パソコンを使ったことのある人なら、誰でも合点がいくと思うけれども、目下のところコンピュータというのは、自動車や家電製品一般と比べると、品質管理がまだ不十分である。商品によって「当たりはずれ」が著しいことは、多くの人が体験済みだろう。とりわけ、ソフトとの相性みたいなものがある。あるソフトをインストールすると、システムそのものがうまく作動しなくなったりする。よくわからないが、ハードに不具合があるのだろう。

ただし、その不具合はなかなか顕在化しない。だから普段使う場合は、一応のところ不自由しない。納得してはいないけれど、コンピュータを「だましだまし」使っている人というのは、決して少なくないだろう。そして、私たちの頭というのも、それとよく似たものにすぎないかもしれないのだ。

つまり、脳のいろんな部位に、不具合を引き起こす遺伝的要因が無数に存在する。そのいくつかを、個々人が持ち合わせている。どれを具体的に持ち合わせるかは、ほとんど偶然に等しい。ただし、そうした要因は、基本的に遺伝的形質としては劣性である。だから、両親から受け継いだ形質が、双方ともそろわないと発現しない。双方とも同一であることは、もちろん多くない。だからふつうは、潜在的に障害の素因を持っていたところで、それは表面化することなく生活している。

ただ、相対的に稀なケースとして、配偶者も同じ障害の遺伝的要因を持ち合わせていると、子を持った際にそれが露わになってくるのである。

発達障害の「進化」

こうした多様な発達障害は、サルでは見ることができない。ヒトにのみ見られる、いわばユニークな現象なのである。どうしてヒトに固有であるかというと、それはヒトのみが複雑な知的情報処理を行なうからにほかならない。平易な表現をするならば、知性が発達しているからである。つまり発達障害の出現は、人間性の進化と表裏一体をなしているのだ。

そして知能というのは、単一の働きではない。知的能力には多様な側面がある。だから数の計算や読み書きは得意でも、音楽はまるでダメ、という例が生じてくるのだ。むろん知的能力が、全般にわたって劣っているケースもある。ほとんどの面で劣っているのに、あることについてのみ突出して優れている、ということもある。

逆に、ほとんどのことに関しては通常の水準なのだけれども、あることについてのみ劣る、というケースもある。そして発達障害を量的に見ると、頻度がもっとも多いのは、この最後の場合であると考えられる。

つまり全般的に見ると、知的に遅れがあるとはみなされない。ところが特定の学習にだけ困難をおぼえるということが起こってくるのだ。通常、それは学習障害と呼ばれる。一九九九年に、当時の文部省（現・文部科学省）の学習障害に関する会議が出した報告書によると、以下の通りに定義されている。

「学習障害とは、基本的には全般的な知的発達に遅れはないが、聞く、話す、読む、書く計算する又は推論する能力のうち特定のものの習得と使用に著しい困難を示す様々な状態を指すものである。

学習障害は、その原因として、中枢神経系に何らかの機能障害があると推定されるが、視覚障害、聴覚障害、発達障害、情緒障害などの障害や、環境的な要因が直接の原因となるものではない。」

ここで注目しなくてはならないのは、学習障害が、やはりひとまとまりの障害ではないとみなされていることだろう。単なる総称にすぎない。脳の機能に障害があるために生ずる点は、共通している。ただし、その規模は局所的である。しかも、どこが働かないかは、ケースごとに異なる。それに応じて、症例も違ってくる。そういうケースを、私たちは本書で見てきたわけである。また日常の生活でも、しばしば遭遇する。

たとえば小学校のクラスには、落ち着きのない子というのを、必ずといっていいほど見かける。他人の話を最後まで聞くことなく、さえぎって話し出す。視線も、合うことが稀である。あるいはほかの場合、好奇心があるのはいいものの、授業中でも先生に変な質問ばかりする。それで授業が進まないので、皆にいやがられている。けれど、本人はそのことにまったく気づかない……誰しも子ども時代を振り返って、心当たりがあることだろう。

そういう生徒が、学習障害であった可能性は少なくない。しかし他方、一見して非常に落ち着いた子も学習障害と診断される場合もある。無口なのだが、集中力が人並みはずれている。それで小学校低学年だというのに、むずかしい漢字を自分で調べて、どんどん覚えていく。計算も得意で、四則演算にかけては右に出る者がいない。

ただし算数でも、文章題となると途端にできなくなってしまう。「一五〇円のチョコレートを二つ買って、一〇〇〇円払うと、おつりはいくらでしょう」と聞かれても、全然答えられない。そのくせ、1000－150×2はと尋ねると、即座に700と返答する。

当然のことであるが、こうした生徒の障害は、先述の生徒とは異なっている。それゆえ発達障害あるいは学習障害というレッテルを貼ることは、障害を持った個々人を理解する上でも、また個々人を支援する上でも、およそ十分とは言いがたい。だが今までのところ、ひとまとまりにくくられた障害を、体系的に把握しようとする枠組みは、およそ試みられてこなかったというのが現状なのである。

それというのも従来、心理学や教育学が対象としてきた障害のある個人とは、ダウン症や脳性マヒ、視覚障害・聴覚障害などのように、その定義が非常に明瞭な場合に限られ、健常な個人と切り離した形で、いわゆる「特殊教育」という形での支援を考えるのが主流だったという経緯を認めなければならないだろう。

他方、いったん障害が相対的に軽度とみなされたり、各障害間の区別がむずかしくなると、ただちに障害を持った個人への支援のニーズも軽度なものとして受け止められる傾向があった。結果として、障害を解明することがなおざりにされがちであったことも、ないとはいえない。また軽度であるゆえに、それを敢えて障害ととらえることが、差別につながるという誤った差別観も根強かった。確かに障害に診断名を下すことは、当事者にとって、本質的には重要な問題ではない。

しかしながら、的確な診断を下すのを怠ることによって、本来ならば、もっと適切な支援を受けられるはずのところをそれが不可能となり、ついには軽度の障害であるにもかかわらず、必要以上に重い生活上のハンディキャップを背負うことになっているような状況が、当事者にとって好ましい事態であるとはおよそ考えられないだろう。

私は個人的に、これから自分の研究の一環として、こういう事態のなかで実証的な立場から、発達障害をその質について判定し、それぞれのタイプごとにどういう支援を下すのがいちばん望ましいかについて、有効な示唆を与えることができるように努めようと考えている。

ミラーシステムと、その障害

そう考えるきっかけとなったのは、自分自身がもう四〇年以上も関わっている言語習得の研究に、その発端はある。近年、人の脳機能を非侵襲的すなわち脳を直接に開けることなく、観察する技術が進み、それに伴い私自身も共同プロジェクトに参加して、私たちがことばを習得する際に、脳のなかで何が起きているのかを調べようとしてきた。

「脳のなかで何が起きているか」といっても、複雑な現象がそうそう簡単に見てとれるものではない。具体的には、かくかくの状況下で、脳のなかのどの部位で活動が活発化するか、を調べるのである。

脳というのは、中は豆腐のようなものが骨に包まれて液に浸っている固まりに似ているものだけれども、つぶさに細胞組織の様子を分析してみると、場所ごとにそのあり方が異なることが古くから判明している。しかもここ一世紀の生理学の進歩によって、それぞれの違いには意味があって、おのおの別の機能を受けもっていることが明らかとなってきた。これを「脳の機能局在」という。つまり、各部位が特定の任務を遂行しているのだ。

たとえば、物を見る作業を担当するのは、大脳の後方の領野であって、従ってそこは視覚野と呼ばれる。聴く行為を受け持つのは、側面の部位で、聴覚野と命名されている……といった具合である。

どのようにして、こういう事実がわかってきたかというと、かつては脳の手術をする際、検査の意味もあり、いろんな場所に細い針を刺して電気刺激をし、患者の反応を見るなどして機能地図を作ってきた。ただし最近では、技術がもっと進歩して、頭を開けることなく、内部の働きがかなり把握できるようになってきている。

だから患者に限らず、健康な被験者にさまざまな課題を実行してもらい、その時に脳のどこが活動するかを特定することで、心理能力とそれに対応する部位とを詳細に関係づけることが可能となってきたのである。

私はそういうことを、ヒトがどのようにことばを獲得するかという問題について、行なっている。そしてその過程で、脳機能がうまく働かない場合もさして珍しいことではなく、かつそれが今日まで学習障害（広義の）とみなされてきた現象と、密接に関連していると思うようになってきたのである。

具体的に、どのような実験をしているかというと、たとえば大人を被験者とし、新たな言語体系を学習してもらって、その前後の脳の活動を比較するといったようなことがその中身である。言語の学習というと、私たちは子どものころに経験するのがふつうである。

ただし、いくら技術が進んだといっても子どもの脳を調べるというのは未だに不可能に近いのだ。そこで次善の策として、大人に新奇な言語体系を学習してもらい、子どものそれをシミュレートするという手法を採用してきた。そこで材料として用いるのは、手話のサインである。どうして手話かというと、音声言語の歴史というのは人類にとって、たかだか一〇万年ぐらいのものにすぎないというのが専門家の一致した見解であるということが、深く関連している。ヒトの発声器官の進化というものを見た時、それ以上の古さはまず考えにくいとされているのである。

しかし私たちの使用する言語とは、決して音声によるものに限っているわけではないのである。ヒトには、音声と同等に手を使ってサインを交わすことで、言語的コミュニケーションを行なう能力も付与されていることが明らかとなってきている。しかもことばの歴史としては、後者の方がどうやら、ずっと古いらしい。つまり音声言語が生まれる以前から、ヒトは言語によるコミュニケーションを手話によって行なってきたようなのだ。

数百万年前に、ヒトの祖先が直立二足歩行を始めた段階で両手が解放された。その手を用いて、それまでにない運動を始めたのが意思疎通の手段と化したと考えるのが、いちばん無理のない発想だろう。それゆえ、人類の言語の根源的な様式に対応する脳の働きを知るという目的から、手話を題材にした実験を行なってきた。

被験者には、耳の聞こえない、かつ日本手話を第一言語として習得した右利きの成人の協力

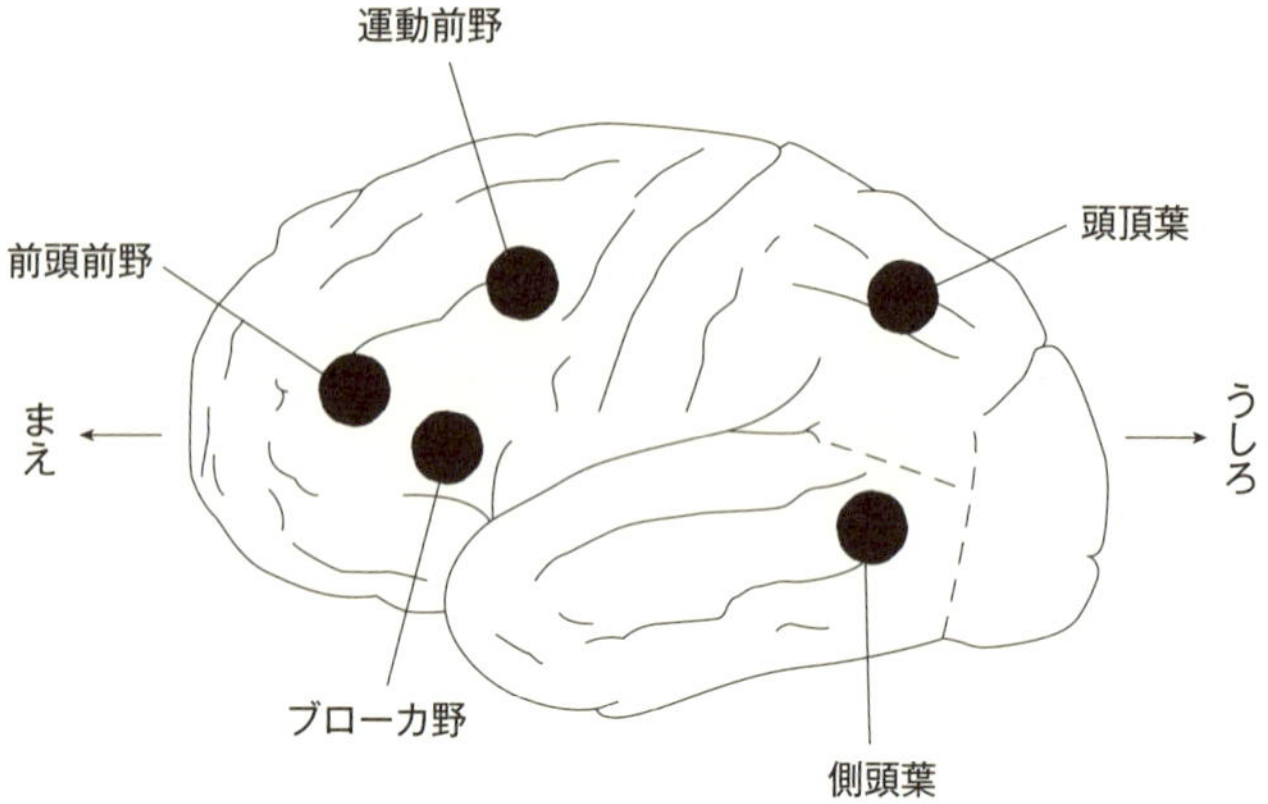

図 10-1　ことばの習得にかかわる脳の五つの部位を図示したもの。脳を左側面から見たところ。このうちブローカ野、運動前野、頭頂葉がミラーシステムを構成する。

を仰いだ。そこに、アメリカ手話の数字を表すサインを刺激として呈示する。四〇〇〇までのさまざまなサインを見てもらうのだが、数の表現は日本手話とアメリカ手話で根本的に違うので、当初、被験者は呈示した刺激の意味がまったくわからない。

一通り見てもらうと、実験者が教示をして、読み方を説明する。そののち実験を何度かくり返しつつ、アメリカ手話の数字の読みをトレーニングして、最終的に困難を感じずに判読できるまでになってもらって、その過程での脳の機能の変化を追跡してみた。

学習が進行するにつれて、明らかに脳の活動に変化が見られることが判明した。むろんどの部位がより活動するかによって、どこが言語学習の成立に関与しているかが明確になるのは言うまでもない。実際には、二つの主要な関与があることがわかった。その一つとして、ミラーシステムと近年になって呼ばれるようになった領域の深い関与が明らかとなったのだった（図10-1）。

ミラーシステムというのはイタリアの生理学者の命名によるもので、サルおよびヒトである特定の身体動作（実際には、ものを取ろうとして腕を伸ばす。ものを足で蹴ろうとする、ものを食べようと口を動かす）を目撃すると、それだけで、あたかも自分がそうした動作を実行するのと同じように活動する脳のシステムを意味している。

常識的に考えれば、「見る」というのは感覚であって、「する」という運動とは別次元の心理現象にほかならない。ところが、感覚しているだけであるにもかかわらず、自分があたかも身体を動かしているかのように脳が動くというので、注目を集めてきた。

どうして、このような現象が生ずるのかというと、ある種の運動を目撃した際、われわれはそれを、自分の身体を「なぞる」形で認識するからだと考えられる。しかも興味深いのは、このミラーシステムが、ヒトに固有な言語の運動性中枢であるブローカ野を含んでいるという事実である。そこから、人類が言語を発達させたのは、他者の行為を自分の運動を基礎として、いわば「真似る」形式で認知するからだという仮説が提出されるにいたっているのだった。

ところが、未知の手話を聴覚障害者に呈示すると、サインというのは具体的に何か目的を目指した行動（ものを取るような）でないにもかかわらず、このミラーシステムが作用するのである。

視覚的分析から運動による理解へ

ただし学習の初期は、習熟後と少し様相が異なる。新奇な手話を学び始めたころは、ブローカ野の領域は活動を示さない。その代わりに別の部位、すなわち側頭葉の一部が賦活する。面白いことに、習熟が進むと前者は活動が活発化するのだけれども、それにつれて後者の活動は衰える。両者は相補的に作用することがわかる。

この側頭葉の活動は、従来の研究に基づきbiological motionを知覚する働きであることが明らかにされている。Biological motionというのはどういうものかというと、たとえば真っ暗闇のなかで、被験者の腕とか腰や脚の片方の体側面に、いくつかの豆電球をつけて歩いてもらうところを想像してみよう。

その体側の側の少し離れたところから被験者を眺めてみると、複数の光点が運動するのが見える。ところが見る方は、それらを単に光点の移動とはとらえない。点が動いているだけであるにもかかわらず、そこに「人物」の「歩行」が浮かび上がる——これがbiological motionの知覚と呼ばれる現象である。

無味乾燥な物理的刺激の動きであっても、それらが全体として生物的な運動の要素を構成すると、そこに生き物を認識してしまう心理メカニズムが私たちには備わっている。こういう認識は、〇歳児でも行なわれていることがわかっている。少なくとも世界に存在する他者（異種の生物も含めて）に特別な注意を向け、そこから有益な情報を得るための大切な装置としてわれわれに付与されているのだろう。その脳内基盤が側頭葉の、しかも手話を習い出したころに活動する部位と一致するのである。

しかし習熟してくると、ほかの活動に取って代わられてしまう。どうして、そのようなことが起こるかというと、トレーニングを経ていくなかで、最初は単に刺激を第三者的に見て対象を分析する姿勢であったものが、自分で「なぞって」学習する姿勢へと、態度の変容が生じたからだと考えられるのだ。つまり側頭葉は詳細な視覚的分析を実行する場、それがやがて自分の身体でシミュレートすることへと移行していくらしい。

注目しなくてはならないのは、この実験において被験者は自分自身、一度もアメリカ手話を演じてみるレッスンをしていないという事実である。ただ見つづけているだけであるにもかかわらず、身体はやがてシミュレーションを始め出す。こうして運動性の言語中枢と言われているブローカ野に対応する領域が、活動を見せ始めるということは、たいへん興味深い。手話によって相手が伝えようとする内容が、受け手によっても主体的に了解され、目にした相手の行動の背後にある意図が、自らの身になぞらえて把握できた時、ミラーシステムが賦活する。それこそ、まさに言語的コミュニケーションの原初の姿であると考えられるのである。

ミラーシステムが、過去の実験でとらえられてきたように外界の物を把握したり、蹴ったりする行為を認識するという文脈から離れ、それ自身はコミュニケーションを目的とする行為の認識に関与し始めた瞬間、ヒトは言語というメディアを手に入れたのだと表現できるだろう。

そして、このメカニズムの誕生は、同時に多様な発達障害の誕生であったという推測が成り立つ。というのも、症候は多岐にわたるものの、障害の主要な特徴として、入力した情報を、自分の行動様式を尺度とし、それになぞらえる形で理解することが困難であるということが指摘できると思えるからにほかならない。

ひとむかし前の知識に従うなら、ブローカ野が障害を被ると、運動性の失語状態に陥ると言われていた。話したくても、ことばが出なくなる。ただし、耳にしたことばは理解できる。だから、話を「する」行為の中枢と考えられてきた。もちろん、それは誤った認識ではない。だがそればかりが、コミュニケーション不全のすべてとは限らないのだ。

すでに書いたように、他者の動作からコミュニケーティヴな意図を表象として知覚するためには、脳の複数の部位が必須の役割を演じている。そのいずれかの機能に支障が生じても、理解は円滑に進行しないし、支障の起こった箇所に応じて、不都合の内容は異なってくる。そこに、まさに多くの発達障害の特質の一つが存在する。

たとえば頭頂葉の機能が不全であった場合、それは音韻情報の短期貯蔵と、刺激入力の空間的把握をむずかしくする。耳にしたことばを、しばらくの間だけ心にとどめるということが不可能となる。あるいは自分が思い、心の中で発言した内容（内言）を反芻することもできにくくなる。つまり入力・出力双方の情報の心的リハーサルが成立しなくなる。

それゆえ、聞いたことを覚えておくことがむずかしいし、暗算のように、心の中で自分のことばを操らなくてはならない心的行為が実行できなくなる。また、文字を上下左右について、適切に空間的に位置づけることも不得手となる。鏡文字を書くのを正すということが、たいへん手間取るのは当然だし、読むのにも時間がかかる。

頭頂葉がミラーシステムの一部を構成しているのは、手話というコミュニケーション手段が手の運動の空間把握に基づいている以上、必然的な結果であった。またそこから言語が音性メディアへと発展していったなかで、音韻貯蔵の機能も派生したのだろうが、その障害は、もうおわかりのように典型的な学習障害の徴候をもたらすのである。

意味処理のメカニズム

ミラーシステムとは別に、もう一つ、手話の習得に必須の部位が脳には存在する。ミラーシステムの一部をなす運動前野の少し前方のあたりの領域、いわゆる前頭前野と呼ばれている箇所の一部である。

ミラーシステムだけでは、新奇な手話を「理解」するには十分でない。目にしたものを自らの行動に照らし合わせて、認識したのち、それが何を意味するのかを把握することがここでは行なわれる。手話のサインが物に手を伸ばす動作と異なるのは、言語表象と対応しているという点である。

音声言語にたとえるならば、「リ・ン・ゴ」という風に声を出した時、私たちは、三つの連続音をささやくようにつぶやこうが、大声でわめこうが、恐怖におびえながら発しようが、そういうことにまったく無関係に「リ・ン・ゴ」は外界の特定の事物、あのフルーツの一種を指し示す。同じことは、手の動きでも起きるのだ。

それゆえ、サインの最終的な理解には、指示対象への知識を受け手が所有していることが不可欠である。知識のありかのことは、ふつう心的辞書と呼ばれている。単語やサインに接すると、私たちは心的辞書から意味をひっぱり出してこなくてはならない。それを実行しているのが、この前頭前野の一領域の役割であると考えられる。それゆえ、この部位に障害が生じた場合にも、私たちの言語的な認知情報処理は深刻な影響を被るのだ。

もちろん、検証はこれからの課題である。しかし、こうした実証的アプローチが、決して診断を下すための診断にとどまるものでないことは、了解していただけるのではないだろうか。

たとえば、数の計算のできない生徒がいたとしよう。しかし、できない理由は必ずしもいつも同一とは限らないことが、容易に示唆されるのだ。音韻貯蔵が困難で、できないこともある。他方、注意が持続せず、情報の統合ができなくて不得手の場合もある。それによって、必要とされる援助もおのずと違ってくる。

注意についての障害にも同じことがあてはまる。目から入ってくる刺激について、特定のパターンがそもそも抽出できないから注意が対象に向かないのか（たとえばbiological motionの知覚）、もっと高次な情報処理過程での障害なのか、区別して考えなくてはならない。つまり、何が真に求められるのかを見きわめるためには、実証的な分析がなくてはならないものとなる。

世の中は、数学的知能とか言語的知能といったように、それぞれがあたかも別の能力であるかのように表現する人がいる。研究者もまた例外ではない。なかには、数学と言語で、それぞれ脳のなかに別個の実行システムを想定する主張まで現われるしまつである。しかし、それはまったく見当はずれの考え方と言わねばならない。

脳が実際に営む認識というのは、むろん題材がことばであるか数であるか、はたまた音楽であるかによって、様相を異にすることがあるかもしれないものの、それは全体から見れば大した差とはならない。むしろ、数であれことばであれ音楽であれ、それらを認識するに際し、共通したある段階がいくつもある。それらの個々の段階のうち、一つに支障が出ると、その支障は数・ことば・音楽といずれにも出現する。むろん、その出方に多少の差はある。

それゆえ学習障害の対処にあたって、「数の処理のここができない」「ことばの理解のここができない」……と、個別的に対応するのは得策でない。にもかかわらず従来の療育は、まさにこうした学校の各教科の時間に、各教科担当の教師が個別の対応に終始してきた。

そうではなくて、個々人の認知情報処理の何が問題なのかを、脳と心理の両面から明らかにし、そのステップを補う形での援助をすることが、学習障害の対策として、いま本質的に求められているものだ、と私は考えている。そのためには、まず障害を細かに診断することが、絶対必要条件なのである。

具体的な仮説

目下のところ、私たちが構想している障害成立のメカニズムは、おおよそ次のようにまとめられるだろう。

つまり、言語の習得に関与していることが判明している脳の部位の機能障害は、それぞれ違った徴候を引き起こす。それゆえ、多様な徴候の障害の事例について効果的な実験を行なえば、どこに障害があるかを同定することが可能である。しかもその予備的実験から、実際に行なうべきテストの内容も具体化しつつある。

すでに書いたように、頭頂葉は空間定位・短期的音韻貯蔵の機能を果たしている。そこに障害が局在するか否かは、メンタルローテーションの実験および「しりとりテスト」を実施することで検証可能である。メンタルローテーションとは文字通り、心のなかで回転を行なうのである。何を回転させるかというと、目にした刺激にほかならない。

具体的には図10-2に示したような、ペアの刺激が呈示される。被験者に要求されるのは、二つが同一のパターンか異なるかを判別することである。判断を下すには、二つのうち一つを基準にし（ふつうは正立している方が基準となる）、ほかを上下関係についてそれに合わせるように、イメージの中で回転させなければならない。この心的操作には、空間定位と関係の深い頭頂葉が深く関与していることがわかっている。

また「しりとりテスト」では、通常のしりとりをさせるのではなく、先行する単語と語尾が共通する単語の想起を求める。たとえば「すいか」という語が先行刺激として呈示された場合、「けんか」「りか」というようにことばを思い出していかねばならない。このような形式の単語の想起のためには、先行刺激を心の中でくり返し反復することが不可欠となるが、それはまさに短期的音韻貯蔵の能力を遂行することとなる。

前頭前野については、いわゆるverbal fluencyテストが有効である。いろんなことばがどの程度、最初の音を手がかりにすらすらと出てくるかを調べるものである。これは「しりとりテスト」とは逆に、先行する単語と語頭の音が共通している単語を、次々と想起することを求める。たとえば「すいか」という語が先行刺激として呈示されたとすると、「するめ」「すみ」というように、ことばを思い出して行かねばならない。それは「す」のつくことばとは何かを検索していくわけで、心の中で辞書をひくに等しい。それゆえ、心的辞書の活動が大きく関係してくる。

図10-2　メンタルローテーションテストで用いる刺激の一例。二つの文字が同一か否かを判断しなくてはならない。上の場合、「違う」と答えるのが正解。

もう一つ、注意のコントロールに関するテストも不可欠であろう。第2章で述べたように、通常私たちは、ある対象に注意を向けている状態で、それを別のものへ移す際、いったん前者への注意を「解放」してやる過程が介在するが、図2-2のような実験を行ないつつ、その際の脳内活動を記録するのである。

側頭葉については、biological motionを成立させるような光点の運動（たとえば人物が歩行している様子を表すパターン）と、ランダムな運動パターンを呈示し、被験者が双方を知覚するに際して、脳の活動に差異が生ずるかどうかで判定することができる、と考えてる。

従来の分類に従うと、学習についても、障害は言語性のものと非言語性のものに分類されたり、あるいは学力の障害と社会性の障害に分けられたりするのが大勢を占めていた。要は、何がしかのテストで計測を行なうか、日常生活での経験に基づいて症例を分けるかによって、判断基準は左右されてきたということができる。

しかしながら、現実の障害を限定している要因は、心のなかの認知情報処理のある過程の支障なのであって、それが多様に形を変えて、行動上で把握されることを失念してはならない。少なくとも、障害に対して体系的な支援を考えるためには、どこの機能が健常に働かないことで、どういう日常の行動にそれがどう反映されるかを、押さえなくてはならない。それを目指そうとしているのが、私が目下、取り組んでいる試みにほかならない。

側頭葉に障害が生ずると、目で見たものを中心として知覚されたものを、パターンとして把握することが困難となる。頭頂葉がうまく働かないと、空間的な認識が不能となったり、音を一時的に心のなかでリハーサルすることがむずかしくなったりする。前頭前野やブローカ野相同領域の障害は、対象を自分の身体感覚を通して共感的に理解することや、判断や意志の決断を組み立てるための情報の統合を妨害する。

こうした過程の不都合は、言語的行為であれ非言語的行為であれ、学力が問われる場面であれ、社会性が問われる状況であれ、必ず多かれ少なかれ目に見える形で影響を及ぼす。問題は、本人が不得手な側面をいかにカバーして、健常な側面を行使する上で支障がないように、生活の場面を工夫するかにかかっている。ある特定の側面が不得手であるために、不得手でない側面までが健常に発揮されないことのないように心がけるのが、支援の基本というものだろう。

ヒトの正常なヴァリエーションとしての障害

しかも、すでに書いてきたように、障害というのは必ずしも能力が劣ることだけを意味するわけではない。機能が不全の箇所が生ずると、それを代償して機能の亢進《こうしん》も起こる。障害を持ったゆえに、障害を持たない場合には生じえなかった能力が開花することを、無視してはならないだろう。障害の質と程度が、一人ひとりによって異なることを考えた時、それは、個性と呼んでも構わないものであるのかもしれない。

ニューロダイバーシティの考え方に従うならば、発達障害と定義されるような障害はその障害を持った者が生物として、生存上特段の不利益を被るわけではないことを意味している。むしろ障害のない人間では成し得ないことを達成する、補完的な機能を発揮しているのである。だからこそ世の中には、こんなに多くの発達障害者が遺伝的に生み出されているのだ。少なくとも人類がこの世界に出現した当初は、障害を持つことによって人々は余人をもっては変えがたい役割を果たしてきたし、本書で紹介した人々の人生は現代に至るまでも役割を果たし続けてきたことを示唆している。ところがここ百年来の先進地域における生活環境の激変は、障害を持つことが生活を生きづらいものにする方向へと傾斜を深めてきた。しかし単に劣っている面を穴埋めして、健常な状態に近づけることは、往々にして、その個性の芽をつむことにつながってしまう。そうではなくて、学習障害を持ったがために真にユニークな存在に障害者をするための支援というものを、私たちは考えなくてはならないのだ。

能力の低い側面を「鍛える」という発想では、限界がある。「できない」ことを「できる」ようにトレーニングする考え方から脱皮して、できなくとも、それがほかの「できる」側面の実践の支障とならないように配慮することが、大切なのかもしれない。他人では「できる」ことが「できない」というのは、ほかの「できる」ことをする気をなくさせることが多いし、ましてそれを「できる」ようにトレーニングするのは、決して当人にとって愉快な体験とはならない。ついつい、くじけてしまいがちになる。

むしろできないことをスルーして、「それでも、ほかにこんなにできることがある」と、障害があることは、ユニークな人間になれるチャンスなのだと実感することで、障害を代償している能力の発現を導くことこそ、障害の支援として真に求められていることを、ニューロダイバーシティの考え方は示唆している。そして、「できる」ことが伸びていくなかで初めて、「できない」ことも「できる」ようになろうとする意欲もまた、培われていくのではないだろうか。

おわりに

発達障害であるということは、障害のない者からすると異能に映る才に恵まれているということを意味していると私は思う。ただ現代は、その異能の才を生かす場を見出すことが極端に難しくなった時代である。例えば五感といわれる感覚に関しても例外ではない。

聴覚をとっても、自閉症をはじめ多くの発達障害の場合、非常に音に敏感であることがよく知られている。それはかつては外界のほんのちょっとした不穏な動きにも反応するためにきわめて有用な感性であったと推測される。だが人工音が巨大な音量で氾濫する現在の日本の都会のような所では、ただただイライラさせられるばかりで、ついついキレやすくなる始末である。

本稿で書いた、自閉症者には音楽への美意識が生まれながらに発達している人が多いのも、これと関係している。そして、封建制が崩れ土地との結びつきから解放されだした際、まず生活を移動しはじめたのが音楽的パフォーマンスをなりわいとする人々であったのは、決して偶然ではない。遊芸人（英語のwandering minstrel, ドイツ語のSpielmann, アフリカ圏のgriot）は定住民と付き合うことを好まず、彼らに蔑まれつつコミュニティから排除される形で、放浪をくり返したが、この時代からNTによる自閉症者への迫害は激化しだしたのだろう。

色彩感覚を調べてみても自閉症児のそれは、NTの子どもとはかなり異なることが明らかと

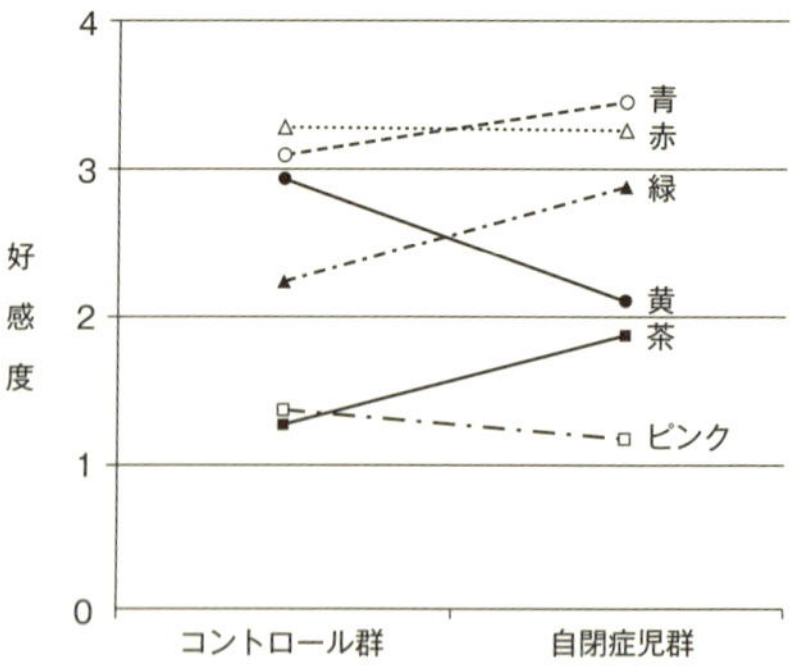

図ａ　自閉症児とコントロール（NTの子ども）における６つの色の好感度の比較

なった。いちばん明るい色である黄が嫌われ、代わりに自然環境を彩る地味な緑と茶が好まれる（図ａ）。

ところが昨今の人工環境の景観では華美な原色が多用されるのは周知の通りである。それはマイノリティの人間にとって自覚するしないにかかわらず、相当量のストレスとして働いているだろうと想像される。

自閉症研究は現在、過去に例のなかった規模で活発に行なわれるようになっている。だがややもするとその多くには、自閉症者を実験動物のように扱ったＮＴの立場に立ったものに終始しているきらいがあることは否定できない事実である気がする。

地球環境を守るためには、人類がバイオダイバーシティを保全する努力が不可欠となっているように、ニューロダイバーシティの破壊の阻止の観点からの障害者支援が、求められているのである。そのためにはマイノリティの人々が過剰なストレスを体験することなく生活できる居場所作り（ニッチェコンストラクション）も急務だろう。

たとえば、図ｂの２枚の写真を見ていただきたい。全国展開している牛丼店の写真である。右側が、通常の店の看板であるのに対し、左は京都市内でのみ使われているものだ。左では黄色の部分が「白抜き」になっていることが、見て取れるだろう。京都市は古都という事情から、独自の景観条例をつくり、華美すぎると判断される店舗の外装を規制しており、その一環として黄色の使用も極力ひかえるように指導しているのであるが、結果としてそれは自閉症者の色

図b　牛丼チェーン店の外装。左が京都市内（百万遍付近）の店舗。右は京都市以外の店舗のもの。

彩感覚に適した環境作りにもつながっている可能性が高いのである。やる気さえあれば工夫次第で、環境改善はいくらでも可能であることが、ニューロダイバーシティという発想から示唆されるのであろうと私は考えている。読者の率直なご意見ご批判を賜ることができれば、幸いである。

なお本書は、二〇〇三年に出版された拙著『天才はなぜ生まれるか』（ちくま新書）が長らく絶版になっており、かねてより復刊を求める要望が多かったので、オリジナルを倍以上に加筆、同時に主張も大幅に変えたものであることを付記しておく。

二〇一九年一〇月　　著者

Development, **63**: 796-807.

Silberman, S. (2015). *Neurotribes: The Legacy of Autism and the Future of Neurodiversity.* New York: Avery, 1-534. (シルバーマン(著)/正高信男・入口真夕子(訳)　2017　自閉症の世界　講談社)

Spikins, P., Wright, B. & Hodgson, D. (2016). Are there alternative adaptive strategies to human pro-sociality? The role of collaborative morality in the emergence of personality variation and autistic traits. *Time Mind*, **9**: 289-313.

State, M. W. & Sestan, N. (2012). The emerging biology of autism spectrum disorders. *Science*, **377**: 1301-1303.

Stuart, K. (1999). *Defiled Trades Social Outcasts: Honor and Ritual Pollution in Early Modern Germany.* Cambridge: Cambridge University Press, 1-286.

Thompson, W. F., Schellenberg, E. G. & Husain, G. (2001). Arousal mood and the Mozart effect. *Psychological Science*, **12**: 248-251.

Trainor, L. & Heinmiller, B. M. (1998). The development of evaluative response to music: Infants prefer to listen to consonance over dissonance. *Infant Behavior and Development*, **21**: 77-88.

Walter, S. J. (1993). Sound and rock art. *Nature*, **363**: 6429.

Werner, M., Dawson, D., Osterling, J. & Dinno, N. (2000). Recognition of autism spectrum disorder before one year of age: a retrospective study based on home videotapes. *Journal of Autism and Developmental Disorders*, **30**: 157-162.

Winner, E. (2006). Development in the arts: Drawing and music. In Damon, R. (Ed.), *Handbook of Child Psychology, Vol. 2.* (pp.859-904). New York: Wiley.

World Health Organization (1994). *The Composite International Diagnostic Interview, Version 1.1.* Geneva:World Health Organization, 1-632.

Masataka, N. (2011). Enhancement of speech-relevant auditory acuity in absolute pitch possessors. *Frontiers in Psychology*, **2**: 101.

Masataka N. (2017a). Implications of the idea of neurodiversity for understanding the origins of developmental disorders. *Physics of Life Reviews*, **20**: 85-108.

Masataka, N. (2017b). Neurodiversity, giftedness and aesthetic perceptual judgment of music in children with autism. *Frontiers in Psychology,* **8**: 1595.

Masataka, N. & Perlovasky, L. (2012). The efficacy of musical emotions evoked by Mozart's music for the reconciliation of cognitive dissonance. *Scientific Reports,* **2**: 307.

Masataka, N. & Perlovasky, L. (2013). Cogntive interefernce can be mitigated by consonant music and facilitated by dissonant music. *Scientific Reports,* **3**: 2028.

McDemott, J. & Hauser, M. (2003). The origins of music: Innateness, uniqueness, and evolution. *Music Perception*, **23**: 29-59.

Mithen, S. (2007). *The singing Neanderthals: The origins of music, language, mind, and body*. Cambridge: Cambridge University Press, 1-227.

Mottoron, L., Peretz, I. & Menard, E. (2000). Local and global processing of music in high-functioning persons with autism: Beyond central coherence? *Journal of Child Psychology and Psychiatry*, **41**: 1057-1065.

Mottoron, L., Dawson, M., Soulieres, L., Hubert, B. & Burack, J. (2006). Enhanced perceptual functioning in autism: An update, and eight principles of autistic perception. *Journal of Autism and Developmental Disorders*, **2**: 1-17.

Mullin, J. (2009). *Drawing Autism*. New York: Akashic, 1-160.

Perlovsky, L. I. (2010). Musical emotions: Functions, origin, evolution. *Physics of Life Reviews*, **7**: 2-27.

Perlovsky L. I. (2012). Cognitive function of music, part I. *Interdisciplinary Science Reveiws*, **37**: 129–42.

Perlovsky, L. (2017). *Music, Passion, and Cognitive Function*. New York: Academic Press. 1-186.

Piaget, J. & Inhelder, B. (1956). *The child's conception of space*. London: Routlege. 1-342.

Reznikoff, L. & Dauvois, M. (1988). La dimension sonore des grottes ornees. *Bulletin de la Société préhistorique française*, **85**: 238-246.

Seeberger, F. (2003). *Steinzeit selbst erleben!* Darmstadt: Theiss, 1-186.

Selfe, L. (1977). *Nadia: A Case of Extraordinary Creative Ability in an Autistic Child.* New York: Academic Press. 1-137.

Sigman, M. D., Kasari, C., Kwon, J.-H. & Yirmiya, N. (1992). Responses to the negative emotions of others by autistic, mentally retarded, and normal children. *Child*

Wiesbaden: Franz Steiner Verlag, 1-108.

Hartung, W. (2003). *Die Spielleute im Mittelalter: Gaukler, Dichter, Musikanten*. Dusseldorf: Artemis & Winkler, 1-405.

Heaton, P. (2009). Assessing musical skills in autistic children who are not savants. *Philosophical Transactions of the Royal Society B Biological Sciences*, **364**:1443-7.

Heaton, P., Hermelin, B. & Pring, L. (1998). Autism and pitch processing: A precursor for savant musical ability? *Music Perception*, **15**: 291-305.

Humphrey, N. (1998). Cave art, autism, and the evolution of human mind. *Cambridge Archaeological Journal*, **2**: 165-191.

Jones, W. & Klim, A. (2013). Attention to eyes is present but in decline in 2-6-month-old infants later diagnosed with autism. *Nature*, **504**: 427-431.

Justus, T. & Hustler, J. J. (2005). Fundamental issues in the evolutionary psychology of music: Assessing innateness and domain specificity. *Music Perception*, **23**: 1-27.

Kanner, L. (1943). Autistic disturbances in affective contact. *Nervous Child*, **2**: 217-250.

Karoiyi, J. M., Winner, E., Gray, W. & Sherman, G. (2003). Dyslexia linked to talent: global visual-spatial ability. *Brain and Language*, **85**: 427-431.

Leroi-Gourham, A., Allain, J., Balout, L., Bassier, C., Bouchez, R., Bouchud, J., Couraud, C., Delluc, B., Delluc, D., Evin, J., Girard, M., Larning-Emperaire, A., Sarradet, M., Schweingruber, F., Taborin, Y., Vialou, D., & Vouvé, J. (1979). *Lascoux Inconnu*. Paris: Centre National de la Recherché Scientifique, 1-381.

Lord, C., Kim, S. H. & Dimartino, A. (2011). Autism spectrum disorders: general overview. In Howlin, P. A., Charman, T. & Ghaziuddin, M. (Eds.), *SAGE Handbook of Developmental Disorders* (pp.287-305). New York: Sage.

Lord, C., Rutter, M. & Le Couteur, A. (1994). Autism Diagnostic Interview-Revised: a revised version of a diagnostic interview for caregivers of individuals with possible pervasive developmental disorders. *Journal of Autism and Developmental Disorders*, **24**: 659–685.

Lorenz, K. (1943). Die angeborenen Formen moeglicher Erfahrung. *Z Tierpsychol*, **5**: 235-409.

Marshack, A. (1995). Images of the Ice Age. *Archaeol.* **48**: 228-237.

Masataka N. (2003). *The Onset of Language*. Cambridge: Cambridge University Press, 1-281.

Masataka, N. (2006). Preference for consonance over dissonance by hearing newborns of deaf parents and of hearing parents. *Developmental Science*, **9**: 46-50.

Masataka, N. (2008). *The Origins of Language: Unraveling Evolutionary Forces*. New York: Springer, 1-155.

Darwin, C. R. (1871). *The Descent of Man, and Selection in Relation to Sex*. London: John Murray, 1-265.

Dawson, G. Carver, L., Meltzoff, A. N. Panagiotides, H., McPartland, J. & Webb, S. J. (2002). Neural correlates of face and object recognition in young children with autism, spectrum disorder, developmental delay, and typical development. *Child Development*, **73**: 700-717.

Dawson, G., Meltzoff, A. N., Osterling, J., Rinaldi, J. & Brown, E. (1998). Children with autism fail to orient to naturally occurring social stimuli. *Journal of Autism and Developmental Disorders*, **28**: 479-485.

Dawson, G., Toth, K., Abbot, R., Osterling, J., Munson, J., Estes, A., & Liaw, J. (2004). Early social attention impairments in autism: social orientation, joint attention, and attention to distress. *Developmental Psychology*, **40**: 271-283.

Dawson, G., Webb, S. J. & McPartland, J. (2005). Understanding the nature of face processing impairment in autism: insights from behavioral and electrophysiological studies. *Developmental Neuropsychology*, **27**: 403-424.

Deutsch, D. (2006). The enigma of absolute pitch. *Acoustics Today*, **2**: 11-19.

Diedrich, C. G. (2015). 'Neanderthal bone flutes': Simply products of Ice Age spotted hyena scavenging activities on cave bear cubs in Europe cave bear dens. *Royal Society Open Science*, **2**: 140022.

Dobosi, V. T. (1985). Jewelry, musical instruments and exotic objects from the Hungarian Palaeolithic. *Folia Archaeol*, **36**: 7-29.

Freeman, N. H. & Jenikoun, R. (1972). Intellectual realism in children's drawings of a familiar object with distinctive features. *Child Development*, **43**: 1116-1121.

Festinger, L. (1957). *A Theory of Cognitive Dissonance*. Stanford: Stanford University Press, 1-157.

Gardner, H. (2011). *Frame of Mind: The Theory of Multiple Intelligences*. New York: Basic Books, 1-387.

Gebauer, L., Skewes, J., Westphael, G., Heaton, P. & Vuust, P. (2014). Intact brain processing of musical emotions in autism spectrum disorder, but more cognitive load and arousal in happy vs. sad music. *Frontiers in Neuroscience*, **8**: 192.

Gombrich, E. (2008). *A Little History of the World*. New York: Harper, 1-347.

Grandin, T. (1996). *Thinking in Pictures*. New York: Vintage, 1-177.

Grandin, T. & Cook, K. (2004). *Developing Talents: Careers for Individuals with Asperger Syndrome and High-functioning Autism*. Lenexa, KS: Autism Asperger Publishing, 1-185.

Hartung, W. (1982). *Die Spielleute: Eine Randgruppe in der Gesellschaft des Mittelalters*.

参考文献

American Psychiatric Association. (1994). *Diagnostic and Statistical Manual of Mental Disorders, 4th ed.* Washington D.C.: American Psychiatric Association, 1-609.

American Psychiatric Association. (2013). *Diagnostic and Statistical Manual of Mental Disorders, 5th ed.* Washington D.C.: American Psychiatric Association, 1-903.

Applebaum, E., Egel, A. L., Koegel, R. L. & Imboff, B. (1979). Measuring musical abilities of autistic children. *Journal of Autism and Developmental Disorders*, **9**: 279-285.

Armstrong, T. (2012). *Neurodiversity in the Classroom: Strength-based Strategies to Help Students with Special Needs Succeed in School and Life.* Alexandria, VA: ASCD, 1-183.

Armstrong, T. (2017). The healing balm of nature: Understanding and supporting the naturalist intelligence in individuals diagnosed with ASD. *Physics of Life Reviews*, **20**: 109-111.

Aronson, E & Carlsmith, J. M. (1963). Effect of the severity of threat on the devaluation of forbidden behavior. *Journal of Abnormal and Social Psychology*, **66**: 584-588.

Bahn, P. (1988). *Images of Ice Age Art.* New York: Facts-on-File, 1-364.

Bahn, P. G. (1998). *Prehistoric Art.* Cambridge: Cambridge University Press, 1-302.

Baron-Cohen, S. (2003). *The Essential Difference: The Truth about Male and Female.* New York: Basic Books, 1-206.

Boulez, P. (1971). *Boulez on Music Today.* London: Faber and Faber, 1-156.

Chauvet, J-M., Deschamps, E. B. & Hillaire, C. (1996). *Dawn of Art: The Chauvet Cave.* New York: Abrams, 1-135.

Conard, N. J., Malina, M. & Munzel, S. (2009). New flutes document the earliest musical tradition in southwestern Germany. *Nature*, **460**: 737-740.

Constantino, J. N., Todorov, C., Hilton, C., Law, P., Zhang, Y., Molloy, E., Fitzgerald, R. & Geschwind, D. (2013). Autism recurrence in half siblings: strong support for genetic mechanisms of transmission in ASD. *Molecular Psychiatry*, **18**: 137-138.

Cooper, J. (2007). *Cognitive Dissonance: 50 Years of a Classic Theory.* New York: Sage, 1-298.

Cooper, J. S. (2001). The Mozart effect. *Journal of the Royal Society of Medicine*, **94**: 170-172.

Cox, M. V. (1981). One thing behind another: Problems of representation in children's drawing. *Educational Psychology*, **1**:275-287.

【著者紹介】

正高信男（まさたか・のぶお）

1954年大阪生まれ。専門は、ヒトを含めた霊長類のコミュニケーションの研究。
1983年　大阪大学大学院人間科学研究科博士課程修了
現　在　京都大学霊長類研究所教授
主著　ケータイを持ったサル　中央公論新社　2003年
　　　音楽を愛でるサル　中央公論新社　2014年
　　　自閉症の世界（共訳）　講談社　2017年

ニューロダイバーシティと発達障害
『天才はなぜ生まれるか』再考

2019年12月10日　初版第1刷印刷
2019年12月20日　初版第1刷発行

定価はカバーに表示してあります。

著　者　正　高　信　男
発行所　㈱北大路書房
〒603-8303　京都市北区紫野十二坊町12-8
電　話　(075) 431-0361㈹
FAX　(075) 431-9393
振　替　01050-4-2083

組版／華洲屋
装幀／野田和浩
印刷・製本／創栄図書印刷㈱
検印省略　落丁・乱丁本はお取り替えいたします。
ISBN 978-4-7628-3091-4　Printed in Japan